朝日新書
Asahi Shinsho 862

官僚が学んだ究極の組織内サバイバル術

久保田　崇

朝日新聞出版

はじめに

・徹夜で大臣答弁書を書き上げた後の翌日の国会審議中に倒れた
・国会議員の一言に振り回されて、仕事のやり直しや収拾に忙殺された
・機嫌が悪い時に話しかけて、上司に話も聞いてもらえない
・上司との関係に悩み、若くして腰痛や手の指のイボに悩まされた
・責任の大きな仕事を急に任され、プレッシャーに押しつぶされそうになった

これらは、すべて私が経験したことですが、似たような状況に陥ったことがある方もいるかと思います。

ここで私の自己紹介をさせてください。私は大学卒業後に国家公務員試験を受けて内閣府の官僚となりました。『ブラック霞が関』という本があるくらい、官僚が長時間労働で

あることは知られていますが、私も国会対応や法案作成により帰宅するのは終電後のタクシー帰り、土日出勤も含め月に150時間残業していました。業務量が多いだけでなく、上司との関係にも悩みました。20代の若さで朝起きられないほどの腰痛や原因不明の手のイボにも苦しみました。徹夜明けの国会内で倒れたこともあります。

別に残業自慢をしたいわけではありません。誤解のないように言っておきますが、仕事の上では大いにやりがいも感じていたのです。ビッグプロジェクトであった法案が国会の議決を経て成立し、少し余裕が出てきた頃に発生したのが東日本大震災。この震災は私の人生をも一変させました。ボランティアで被災地に行ったのが縁で、津波で壊滅した岩手県陸前高田市の副市長を任されたのです。

突然任された責任の大きな仕事から来るプレッシャーに押しつぶされそうになりながらも、必死で毎日サバイバルする中で感じたのが東北の方々の粘り強く、復興を成し遂げようとする折れない心。津波から生き延びた人々から「死んだあいつの分までしっかりと生きないと」と聞いて一度しかない人生を挑戦して後悔のないように生きようと誓った私は、それまでは地元に戻るつもりがなかったのですが、高校卒業以来25年ぶりに地元静岡県掛川市に戻って市長選にチャレンジし、現在は市長として忙しい毎日を送っています。

この本で私がお伝えしようと思っていることは、重いプレッシャーや長時間労働などの厳しい環境の中をしなやかに生き抜くサバイバル術です。中でも、私が大いに悩んできたことでもあり、また作業時間の大幅な軽減（あるいは無駄な作業の増加の防止）にも役立つ、上司との関係や職場の人間関係には大きなウェートを置きました。

公務員だけでなく、民間企業で現に上司や部下との板挟みに悩んでいる人や、経営者や上司とそりが合わないからと転職を考え始めている人にこそお役に立てると自負しています。本書で説く「しなやかなサバイバル術」は転職にも役立つからです。なぜなら、上司・部下とともにチームで働きながら、他部署と調整し、顧客などの取引先と交渉しながら成果を出していく点は、どんな組織でも共通していて、かつＡＩが代替できないスキルだからです。

私は転職を否定するわけではありませんが、転職する前にこうしたスキルを試して欲しいのです。うまく経営者や上司をコントロールすることで自分のやりたいことを実現できたら問題解決ですし、逆にそのような働き方を身につけられなければ、転職先の会社でも同様に「経営者や上司とそりが合わないから転職する」を繰り返すことにもなりかねません。

長時間労働やパワハラの問題は組織の側で解決すべき問題ではないか?というご指摘もあるかと思います。長時間労働を強いる職場自体の改革が必要であることは当然です。私も現在、800人の職員を預かるトップとして、職員の負担軽減や職場環境の改善などに取り組んでいます。しかしながら、働き方改革は組織側と働く側の双方の努力によって初めて実現するものですし、そうした改革がなされるまでの間は、自分で自分の身を守る働き方が求められているのです。

本書で紹介する働き方が、プレッシャーを抱えながら忙しい毎日を送っているあなたのお役に立てば幸いです。

官僚が学んだ究極の組織内サバイバル術　目次

第3章　設問（ケース）で考える、上司の対処法　77

終　章　未来を切り拓くサバイバル　173

第1章

組織内の敵は人間関係である

上司の機嫌の悪い時に話しかけて理不尽に怒られる

公務員試験になんとか合格して国家公務員としての第一歩を踏み出した私が入省してまもなくの話ですが、上司である課長補佐に了解をもらいたい案件があって話しかけたとき、「今見ないといけないのか」と理不尽に怒られたことがあります。その上司は、統括部署（官房総務課）からの電話があった後は特に余裕がなくなってテンパる一方で、暇な時は私の仕事の邪魔になるくらい話しかけてきました。その上司から学んだことは、**「上司には話しかけるタイミングを見計らわないといけない」**ことでした。

また、人事異動後には、放置プレイが得意な上司にも遭遇しました。見た目は優しいし丁寧な言葉遣いなのですが、相談や報告をしても上の空で興味を持ってもらえないのです。部下としては、進め方で困っているところは指導や助言を期待しているのですが、それも一切ない。無関心な上司にも、困りました。

さらには、異常に理屈っぽい上司にも度々遭遇しました。「この言葉の根拠は？　相手がこう反応してきたらどうするの？」などと、作成した資料に関し、それこそ一言一句理詰めで質問を浴びせるのです。これを霞が関の用語で「詰める」と言いますが、「激詰め君」などと呼ばれるような、時には部下が泣き出すまでそれをやめないくらい、詰めることが大好きな方というのがいるのですね。

まるで「問題上司のデパート」に勤めていたかのように感じられるかもしれませんが、ひと昔前はそれほど珍しくなかったと思いますし、今になって思えば様々なタイプの上司に遭遇することができて、貴重な経験を積むことができたとポジティブにとらえています。

この上司とは絶対に合わない！

「この上司とは絶対に合わない！」と思ったことはありませんか⁉ あなたと同じように、私もなんどもそう思ったことがあります。人材会社エン・ジャパンの2019年の調査によると、転職者が会社に伝えた転職理由のうち最も多かったのは「仕事の領域を広げたい」、次いで「専門スキルや知識を発揮したい」だったのですが、本当の理由は「報酬をあげたい」がトップ、次いで「上司と合わない」「職場の人間関係が合わない」「評価に納得できない」が同率で並びました。

会社に伝えた転職理由

第１位　仕事の領域を広げたい 68%
第２位　専門スキルや知識を発揮したい 59%
第３位　会社の将来に不安を感じる 28%

本当の転職理由

第１位　報酬をあげたい 57%
第２位　**上司と合わない 48%**
第２位　**職場の人間関係が合わない 48%**
第２位　評価に納得できない 48%

本当の理由に「上司と合わない」「職場の人間関係が合わない」と2つがランクインしていますので、転職を考えてしまうほど人間関係に悩む姿が垣間見えます。

それだけ悩みが深いと見ることができる一方で、では転職先でも良い上司や経営者に巡り合わなかったらどうしたら良いのでしょうか？

転職や退職を否定するわけではありませんが、良い上司や経営者と巡り合うかどうかは運に左右される部分がある以上（良い経営者かどうかを採用面接で見極めるのだ、という意見も否定しませんが、良い経営者であったとしても、直接の上司になる方とそりが合わない場合もありますよね）、これでは自分のキャリアが運に左右されてしまいます。

もちろん、どんな上司や経営者のもとでも我慢せよ、と言いたいわけではありません。現実には後に述べるようなパワハラ上司・経営者などが存在しますので、無理に我慢することは心身を壊す原因にもなります。ただし、そうした上司でない限りは、たとえ気に入らない経営者や上司であっても、対処する術を身につけてサバイバルすべきというのが本書の基本的なスタンスです。また、たとえ転職することになったとしても、気に入らない上司のもとでも仕事ができるという能力は、大きな強みになると思います。

人事を握って「官邸一強」を確立した菅首相

安倍晋三内閣で官房長官を務めた後、安倍氏退陣の後を受けて2020年から2021年まで首相を務めた菅義偉氏は人事で官僚を掌握し、各省庁に睨みをきかせました。菅氏は著書でイタリア・ルネサンス期の政治思想家・外交官にして「近代政治学の祖」であるマキャベリの『政略論』を引用していますが、マキャベリと言えば「人間は愛よりも恐怖で動く」という考え方です。

具体的には、2014年に発足した内閣人事局を徹底的に活用して600人に及ぶ各省庁の次官、局長、審議官など幹部人事を掌握。これまでは各省庁側の人事案を追認する程度だったところを、複数の人事案を持って来させるなどして実質的な任命権を確保し、官邸に逆らっては仕事ができない「官邸一強」が出来上がりました。このようになると、官僚は首相や官邸の顔色を窺いながら仕事をするようになります。会社にたとえれば、社員が社長や社長側近の顔色を窺うのと同じです。

サラリーマンや公務員を含めた組織人は人事によって生殺与奪を握られています。これはやりすぎだという批判の声もかなりありますが、いずれにしても、人事に弱い官僚の特性を知って各省庁をコントロールしようとした菅首相の手法は間違いなく効果を発揮したと言えるでしょう。それでは、人事に弱い組織人たる私たちはどのように対処していけば良いのでしょうか。

公平な人事評価など幻想である

いきなり身も蓋もないことを書きましたが、あなたの会社が人事評価をＡＩ（人工知能）に完全に委ねていない限り、必ずしも公平とは言えない人間が評価を行っているはずです。

そして、最も大事な点は、その評価は基本的にあなたの直属の上司が行っているということです。上司のさらに上司、あるいは人事課がその評価を補正する仕組みをとっている組織も多いとはいえ、まずは**直接の上司の評価が最も重視される**と言っていいでしょう。所属組織によっては、その上司の評価内容を本人に開示するケースもあるので、こうした仕組みをよくご存知の方もいることでしょう。

冒頭から組織サバイバルにとって最も大事なのは上司対策であることを強調していますが、人事評価を握っているのもまた、直属の上司なのです。ですから、あなたが人事評価を上げたいならば、とるべき行動は一つ。上司からの評価を上げることです。

このようにいうと、上司のイエスマンになるのは嫌だ、忖度するのも真っ平御免だ、という声も聞こえてきそうです。私も、上司の言いなりになることを勧めているわけではありません。むしろ、基本的には上司の意向を尊重するようなスタンスを確保しながらも、自分のやりたいことを実現するためにときには上司を操縦・誘導したり無力化することが、本書で述べる組織サバイバル術の要諦となります。

そんなの事前に聞いてないから見れないよ

私たちが戦う相手は、上司だけではありません。

議会への根回しというのは、役所特有の慣例と思われますが、大きな組織では関係部署へ根回ししないと仕事が進まないことは、経験されている方が多いのではないでしょうか。

この組織内部での根回しは役所では特に重要であるため、やはり私は新人の頃、法令改正について省内すべての審査を行っている官房総務課審査係などに事前の相談を怠ったために「そんなの事前に聞いてないから見れないよ」と言われて困りました。

官庁など大きな組織に多く見られるこれらの根回しは大げさで不要と思われる方もいるかもしれませんが、実際には官房総務課審査係は、のちに必要となる省外の内閣法制局審査の事前審査に位置付けられますし、国会議員への根回しも、のちの国会審議の前哨戦です。法制局審査でミスが沢山見つかることは恥ずかしいことですし、国会審議の段になって沢山の修正意見が付されると、審議日程が大幅にずれたりして成立しない可能性が高まりますので、事前にそうした意見は吸収して国会審議前に反映しておいた方が良いのです。

言い換えれば根回しとは、「事前にトラブルの芽を摘みとる作業」であると言えます。

いくら個人の能力に秀で、アイデア力に優れた人材であっても、こうした根回しを前提とした仕事のやり方をいつまでも身につけないでいると、「あいつは仕事ができない」「ルールを知らない奴は相手にするな」などと嫌われてしまい、組織内でサバイバルすることはできないのです。

このように、「俺は事前に聞いていないぞ」と言う相手は関係部署や国会議員など多岐にわたります。一筋縄ではいかない顧客や、民間企業でも組織が大きいと関係部署も「敵」になる可能性があるでしょう。

なぜあの人は能力があってもサバイバルできないのか?

能力が高くても組織で認められず、サバイバルできない人と聞いて思い出すのは係長A氏のことです。おしゃれなスーツをびしっと着こなすA氏は博識で頭が良く、いつも正論を述べる方なのですが、あるとき統括部署の上役（上長）に意見したことがきっかけでプロジェクトから外され、組織を去ることになりました。

A氏は、私が関わっていた大きなプロジェクトの進め方に対して統括部署の対応が不十分であることや人員増加をすべきであることなどを予算・組織・人事を担当する統括部署の課長補佐X氏に直言したのです。私もその意見自体は正論であるし、人員を増やしてもらえればありがたいとは思っていましたが、X氏は強面で親分肌の人だったのでそのやりとりをヒヤヒヤしながら眺めていました。案の定、X氏はその意見に激怒し、すごい剣幕で「これまでの協力を忘れたのか。そんなこと言うんだったらもう金輪際協力しないぞ」とA氏を怒鳴りつけました。統括部署としても、苦しい台所事情の中で、人員は増やさずとも根回しのアポ取りの電話を統括部署の仕事をしながら兼務で分担するなど一定の協力をしていましたので、その協力に対する感謝の一言もなしに意見されたことで、全否定されたと感じたのかもしれません。

人間としては直言したA氏は男気があってカッコ良く、それを拒否したX氏は大人気ないようにも見えますが、見逃せないのは統括部署に楯突いた結果としてA氏が去ることになったという事実。どちらが正しいのかに関係なく、このような理不尽なパワーゲームが日々繰り返されているのがサバイバルの現場であると言えるでしょう。だからこそ、人間関係を損なわずに主張を通していく技術を身につける必要があるのです。

この件を本書で述べる「しなやかな働き方」に即して振り返るならば、例えばA氏の上司であるB課長（あるいはX氏の上司であるY課長）にやんわりとお願いするべきで、その際にはこれまで統括部署でしてくれたことに対する御礼をきちんと述べてから依頼すれば、それだけで人員増加につながったかどうかまではわかりませんが、随分と対応が違ったであろうことは想像に難くありません。

A氏は一匹狼タイプで直接の上司であるB課長とコミュニケーションがうまく取れているのかなと思う節がありました。このような場合には、たとえ正論を述べたとしても、また主張者の能力がいかに高くとも、それが通らないことがあるのが組織サバイバルの怖いところです。その逆に、手順と手段を尽くして物事を進めるならば、その人自身の能力が抜群に優れていなくとも多少の無理が通ってしまうということでもあります。これらのテクニックの詳細については、のちの章でも詳しく取り上げます。

本書の目的は、A氏のように組織を去るのではなく、かといって上司や統括部署に何も言えないイエスマンになるのでもなく、**自分の主張や仕事を円滑な人間関係を通じてスムーズに実現するような「しなやかな働き方」を身につけること**です。次章からはその具体的な方法を紹介します。

第2章

〝霞が関流〟サバイバル術7か条

前章で見たとおり、仕事においては自分本位なやり方では上司を含め誰も協力してくれません。また、能力があれば必ずしも成果が出せるものでもありません。組織でサバイバルして働く上では、様々な人間関係に注意する必要があります。本章では私が多くの失敗を繰り返して学んだサバイバルの要諦を7つにまとめてお伝えします。

その1　人間関係で最も注意を払うべきは直接の上司

本書の冒頭に述べたように、私は若いころは上司との付き合い方がわからず、上司の機嫌が悪い時に話しかけて話も聞いてもらえなかったり、理不尽な指示をもらって悩み、朝寝床から起きられないほどの腰痛や気持ち悪い手の指のイボに悩まされたことがあります。

しかしこれは、上司にも問題があるかもしれませんが、私自身に**上司を観察することや上司の立場に立って仕事を進める視点**が欠けていたのだとのちに気づきました。

実際、**機嫌の良い時を見計らって話しかけるようにしたら**怒られる回数が（ゼロにはなりませんでしたが）大幅に減りましたし、上司とよくコミュニケーションをとるようにしたら理不尽な指示も少なくなりました。

このように言うと、上司の顔色を窺うような仕事のやり方は嫌だ、自分のペースで仕事をしたいと思う方もいることでしょう。私も一面ではそう思いますが、上司は人事などの権限を持っている以上、上司とうまくやれなければ人事評価や人事異動に影響することを忘れてはなりません。

(1) 観察せよ、タイプ別に備えよ

したがって、上司対策の1つ目のポイントは「上司をよく観察すること」です。どの上司でも同じように対応するのではいけません。次章では「瞬間湯沸かし器タイプ」や「異常に理屈っぽいタイプ」への対処法を述べますが、上司のタイプによって報告の頻度(回数)や方法(口頭を好むか資料を好むか。簡素な資料を好むか詳細な資料を好むか)を変えてみてください。

優秀な上司はむしろ部下のタイプ別に合わせてくれると思いますが、そこまでは期待しすぎでしょう。ただし、あなたが上司の立場になったならば、部下に余計な気を使わせないように自分を律すると同時に、可能な範囲で部下のタイプによる仕事の進め方の特徴を見極めましょう。

(2) 上司都合でものを考えよ

上司をよく観察することの延長線上にあるのが、「上司都合でものを考える」ことです。あなたの立場ではなく、上司の立場だったとしたら、いつ、どのような報告が欲しいですか？　あなたの上司である課長が先日部長に呼ばれていたのはなんの件だったでしょうか？　上司は他にどんな懸案事項を抱えているのでしょうか？　そうしたことを想像することが、適切なタイミングと内容で報告を上げられることに繋がり、決裁の一発クリアが可能となるのです。

(3) 上司の上司にも気を配れ

上司都合で考えれば必然的に、上司の上司に注意を向けることになります。あなたが課長の顔色を窺っているのと同じように、課長もその上司の部長の顔色を窺っているのですから。課長がこだわるポイントは、実は部長の好みや意向を踏まえたものだったりします。

(4) 冗談をいえ、友人たれ

上司も一人の人間。人として慕われれば嬉しいに違いありません。上司からすれば、友情を感じているあなたに対しては、単なる歯車の一つとばかりに理不尽な業務指示や配慮を欠く行動をできないはずなのです。あなたとしても、よほどのことがない限り、その上司と冗談が言えるくらいの人間関係を構築して友人となることを目指してください。

(5) イエスマンではいけない

とはいえ、上司のペースに合わせて仕事をするのは嫌だ、自分のペースで仕事をしたいと思うのも当然です。

究極的にはあなた自身が出世すれば上司の存在が減り（あるいはあなたが上司の立場になり）、上司に大きな注意を払わずにある程度マイペースで仕事ができるようになりますので、出世が可能な方はそれを目指すのが、理不尽な上司対策となります。

ただし、それまでの間であっても、イエスマンになるのではなく、上司のタイプや都合に応じて意見や提案をすることも大事です。上司と衝突を避けながら意見を通し、実現していく。それこそが本書で目指す「しなやかな」ＢＯＳＳマネジメントです。

(6) BOSSマネジメントが仕事の基本

ここまで見てきたように、あなたの生殺与奪を握っているのが直属の上司である以上、上司を見極め、そのタイプに対応したり良好な人間関係を構築することがサバイバルするコツとなります。BOSSである上司のタイプや都合に左右されてしまう人生ではなく、逆に上司をあなたがうまくコントロールするくらいの気持ちでBOSSマネジメントに取り組んでみてください。上司への意見の仕方も含め、ケース別の上司への対処方法については次章で更に詳しく見ていきます。

その2「内なる人脈」をつくれ

統括部署や幹部とは世間話ができる関係をつくっておく

前章に述べたような「そんなの事前に聞いてないから見れないよ」と言われて困った経験は、法令や文書に関する省全体の統括部署である大臣官房総務課審査係に事前の相談を怠ったために生じた出来事です。こうした統括部署は組織全体の予算、人事、法令などを取り扱っている部署のことですが、あなたが所属する部署の仕事はこうした統括部署をクリアしなければ、前に進めることができません。

このため、こうした部署には「○ヶ月後に大きなプロジェクトを考えていますので、来月審査の時間をください」などと事前に相談するのはもちろんのこと、普段から世間話ができるくらいに人脈をつくっておき、トラブルが生じたときにすぐに報告・相談ができるようにしておくべきです。

また、役員や部長などの幹部にも、可能な範囲で名前を覚えてもらい、個人的な関係を構築しておくべきです。まだ役職が下だから関係ないと思う方もいるかもしれませんが、あとで述べる「空中戦」をはじめ、大きなプロジェクトのときなど大事な場面で役に立ちます。

役員クラスや部長と関係を築く方法

後述するような上から落とすような方法は、役員クラスや部長とコネクションがないと実施できないわけですが、そうした上位職の方とどう関係を築いたら良いでしょうか。

まずは本業でわずかでも関わるチャンスがあれば、それを無駄にしないことです。ただし、上の立場になればなるほど、仕事にはシビアですから、「役に立たない」「使えない」と判断されればもう二度と声がかかりません。ですから、幹部説明の際に同席するなどのチャンスがあった場合、万一にでもそうした判断をされないように、手持ちでデータや資料を持参したり、想定される質問には全て淀みなく答えられるよう、周到な準備をすることが必須となります。この際には、その幹部の過去の発言をチェックするとともに同期、同僚などから人柄と癖に関する情報を収集しておきます。例えばフランクな議論を好む場合、同席しているあなたが発言することも（その際にはあなたの上司である課長に嫌われないように注意する必要はありますが）あり得ます。このように、仕事上で「使える奴だ」「気がきく」などの印象を残し名前を覚えてもらうことがベストです。

そのうえで、他に接触の機会がないか探ります。例えば懇親会、社内報告会、趣味の集いなどです。その幹部を講師に招いて若手社員のための勉強会を開催し、あなたが幹事役を買って出ることも有効な手段です。なお、喫煙者なら喫煙室を覗くことで容易に幹部と話ができることもかつては多かったのですが、それも昔話です。喫煙室自体も設けない会社も多くなりました。代わりに社員食堂などはどうでしょう？　食堂を利用している幹部は多いですし、普段は周囲が気を遣って話しかけないために一人で食事を取られていても、本当は話し相手が欲しいかもしれません。私も普段市役所内の食堂を利用しますがしばしば職員から話しかけられます。感染症対策で「黙食」が求められる場合もありますので実行に当たってはご注意ください。

このようにして接触する機会を増やし、運よく幹部の信頼を得ることに成功したら、それを維持できるように、定期的に連絡や報告を行うことです。これは組織として行うことでも、個人として行うことでも構いません。例えば現場で起こっていることや業界紙の記事など、小さな情報でも良いので多少なりとも幹部の役に立ちそうな情報を届けることです。個室に入っている幹部には、現場の情報が届きにくくなりますので、現場の情報はあなたが想像している以上に感謝してもらえます。

さらに個人的な関係を築きたい場合は、「今後もこうした情報を（秘書などを通さずに）個人的にお届けしたいので、差し支えなければLINEのIDを伺っても良いでしょうか」などと言ってみることです。図々しいようにも思えますが、こう言われて悪い気持ちになる幹部はいないと思いますので、言ってみる価値は十分にあります。

「お前、大丈夫かよ」と吐き捨てた政治家

「内なる人脈」である統括部署や幹部とつながれたならば、その先は主要取引先などへの人脈です。官僚にとっては大事な取引先は「政治家」ですので、その根回しについて見ていきます。

官僚は、法案や政策案件について、国会議員に根回しに行きますが、その時にも官僚を部下よりひどく扱い、人とも思わないような議員に遭遇します。あるとき、上司（の上司）である審議官と共に、とある国会議員に根回し（説明）に行きました。私が作成した資料に基づき、上司の審議官が議員に説明を始めます。議員は頭の回転の速い人で、説明の途

中で技術的な質問をされました。審議官は私の顔を見ますが、難しい質問だったために、答えなければならないはずの私は即答できません。議員は冷たく「お前、大丈夫かよ」と見下したように吐き捨て、次の話を始めました。

その議員は与党政治家なので、根回しの案件について了解が得られないということはありませんでしたし、幸いにも上司の審議官は温厚な方で職場に戻って叱責するようなことはありませんでしたが、私は勉強不足を指摘されたように感じて情けなく、反省しました。これまでも一定の準備はしていましたが、それ以降、根回し等で説明に赴く案件については、様々な質問に備えて、想定問答を念入りに用意するようになったことは言うまでもありません。

なおその政治家はその後大臣となられ、テレビでは爽やかな印象を与える政策通として知られる方ですが、官僚に対しては冷たく当たる方でした。官僚の側からそのようなことを暴露することはありませんが、テレビやメディアでは優しそうに見える議員でも、仕事では非常に厳しく当たられる方もいますので要注意です。

政治家への根回しを怠るとどうなるか

先に述べたようなこともありますので、正直にいうと根回しについては気が重くなることも（特に悪名高い一部議員については）あるのですが、かといって根回しを怠った結果、「俺はこの件を聞いていないぞ」と言われたら、官僚としては失格です。日本の憲法と法律では、法律案や予算案など主要施策は国会の議決を経なければ実行できない仕組みになっています。

議決権を持つ議員が、それだけで反対票を投じるかどうかは（党の方針もありますので）わかりませんが、プライドを傷つけられた議員がそれ以降、嫌がらせをしてくることは十分に考えられます。

したがって、幹部クラスの優秀な官僚は、根回しのときだけでなく、普段からこうした議員と良好な関係を保っておき、いつでも報告・相談できるようにしています。こうすることで、多少の失敗を大目に見てもらったり、うるさい他の議員を抑えてもらうなどの効果が期待できます。

「なんだこのホッチキスの留め方は！」と私を叱った局長

私はこの根回しについて、官僚になったばかりの頃に洗礼を受けました。上司である局長と二人で、とある重要案件について国会議員を訪問した際、議員会館の部屋に到着して局長から「資料を」と言われて私が準備した資料を取り出し議員にお渡ししたところ、局長が私に対し「なんだこのホッチキスの留め方は！」と議員の前できつく叱ったのです。

普段は温厚だと思っていた局長から初めてと言っていいほど叱られ、かつその理由が「ホッチキスの留め方」だったので私は二重にショックを受けました。

あとになって考えると、これにはいくつかの理由があったと考えられます。

（1）議員への根回しは資料の細部にも気を抜くなという教え

まずは、議員に対する根回しには、お渡しする資料の枚数、見易さ、内容の正確性と簡潔さなど、資料の細部は言うに及ばず、ホッチキス留めの位置がずれていないか（それによって資料を開く際に議員が見にくいなどの問題が生じないか）まで気を配れという意味だったのです。

(2) 議員を大事にしていますという議員へのポーズ

次に、議員に対するポーズであったと考えられます。議員の前で資料の些細な点について部下を叱るということは、そのまま相手の議員を大切にしているというメッセージなのです。そう言われて悪い気持ちになる相手はいないですし、その議員も「まあまあ局長、僕は気にしないから」と問題視しなかったのです。

(3) 官僚1年生への教育

そもそも根回しは官庁ではレベルの高い仕事なので、局長に随行で課長か課長補佐を充てるというのが相場です。この件で係長でもない役所に入ったばかりの新人を連れて行ったのは局長が根回しの現場を新人に教育しようと考えたのだと思います。

「血の雨が降る」各省協議

このような国会議員への説明や根回しなどによる交渉に加えて、霞が関の官僚の重要な仕事は他省庁との交渉です。ある政策を実施したい場合、1府11省2庁、つまり14のすべての省庁から合意を取り付ける必要がありますが、予算がかかる政策を財務省が認めなかったり、既存の政策との関係で特定の省庁が反対したりすることがよくあります。最終的には閣議決定しなければ政府の方針とはならないわけですが、閣議で1つの省庁でも反対すれば決定できないので、いわば各省庁は他省庁の政策に関し、拒否権を留保しているとも言えます。

外から見れば各省庁は政府を構成する内部組織なので身内に見えるかもしれませんが、実際には職員採用も含めた人事は省庁ごとに行われており、他省庁は「同業他社」と言っていいくらいの関係です。ですから、省庁間の交渉や調整過程は、血の雨が降ると言われるくらい、非常に激しいやり取りに発展することもあります。これは、「ここは一つ○○先生のお力でなんとかお願いします」のように時に浪花節的な議員とのやりとりと違い、徹頭徹尾理詰めで法令や根拠に則ったやりとりが行われます。私も一度経験がありますが、ある法案を立案した際に、既存の事業への悪影響（新規法案が既存事業への予算削減圧力につながるなど）を恐れたある省庁が一晩に100問以上の質問爆弾（あるいは1000本ノックと言われることも）を投げつけてきて、それを徹夜で打ち返したことがあります（これらは誤りを避けるため、すべてペーパーでやりとりするのがルールです）。

このような他省庁との関係においては、必ずしも人脈をつくっておく必要はありませんが、どうしても折り合いがつかない場合は妥協して落としどころを探る必要もあるため、幹部レベルともなると各省庁に人脈を構築するケースが多くなります。

その3　敵をつくってはいけない

ここまで、人脈（＝味方）を増やす話をしてきましたが、組織でサバイバルするためには味方を増やすのと、敵をつくらないのと、どちらが大切なのでしょうか。

田中角栄元首相「違う。敵を減らすことだ」

「味方を増やすより敵をつくらないことだ」と言ったのは田中角栄元首相です。田中氏は高等小学校卒の「庶民宰相」と持てはやされ、首相就任前に著した『日本列島改造論』に基づき高速道路と新幹線網の拡充を進めました。金脈問題とロッキード疑惑*で失脚しましたが、元東京都知事で作家の石原慎太郎（2022年逝去）が小説『天才』（2016年、幻冬舎）の中で同氏を一人称「俺」で描くなど近年となって再評価されています。

その田中氏のエピソードを紹介します。名物秘書の早坂茂三に対し「頂上を極めるには何が必要か？」と田中氏が質問したところ、早坂は「味方をつくることではないですか？」と答えましたが、「違う。敵を減らすことだ」と当時、44歳の田中氏は答えたそうです。「敵を減らすよりも味方を増やすことのほうが大切じゃないですか。味方は協力してくれるんですから」となおも食い下がって主張すると、「だからおまえはダメなんだ。人間がわかってない」と叱られたそうです。

周囲からは必死に味方を増やそうとしているように見えましたが、田中氏は敵を減らし、さらには世の中は敵と味方ばかりではないからと、その間にある「中間地帯」にこだわりました。そして、角福戦争といわれた佐藤栄作の後の首相争いにおいて、支持者の数に優れる福田赳夫に対して中間派を猛然と切り崩しにかかり、結局、首相の座を射止めたのです。のちに政治評論家となり多数の著書を残した早坂は「年を取ってからオヤジのいっていたことがよくわかった」と語ったそうです。

田中氏の人生哲学がそこには現れています。味方をつくっても敵が増えれば、邪魔されて目的を達成できない、そう考えているのですね。また、田中氏は官僚操縦術に長けていたことも知られていますので別のエピソードを紹介します。同氏は大蔵大臣時代、同省の新入職員20名を整列させると一人ひとり握手をはじめ、メモも見ず、秘書課長にも教わらないで、一人ひとりの名前を呼んだといいます。顔を見て「おっ！　野口君、頑張れよ」という調子で。大臣が全員の顔と名前を知っていることに度肝を抜かれた新入職員を前に、田中角栄はさらにこう言ったそうです。「諸君の上司には、馬鹿な課長がいるかもしれん。諸君の提案を、課長は理解せぬかもしれんぞ。そうしたときは、遠慮せず大臣室に駆け込め。オレが聞いてやる」。結局だれも駆け込んだ人間はいなかったようですが、「駆け込んでいい」という言葉は、新人職員の心を捉えたといいます。

最後は米国を敵に回してしまったところは田中氏としても痛恨の極みかと思われますが、組織をサバイバルしてのし上がったその考え方と行動には学ぶべきところがあります。

＊米国ロッキード社からの不正献金（収賄）容疑で起訴され、１９８３年に東京地裁で有

罪判決を受けた。

本項の田中角栄に関するエピソードは『乱世を生き抜いた知恵』（2018年、太田尚樹、ベスト新書）及び『「超」納税法』（2004年、野口悠紀雄、新潮文庫）などを参考にしました。

「凡人」「冷めたピザ」と呼ばれた小渕恵三氏が首相になれた理由

敵をつくらない官僚や政治家と聞いて、すぐに思い浮かぶのは1998年から2000年まで首相を務めた小渕恵三氏です。自民党総裁選で争った小渕恵三、梶山静六、小泉純一郎の3人に対して、先に紹介した田中角栄の実娘で国会議員を務めていた田中眞紀子氏が「凡人、軍人、変人」と評したことが有名ですが、「凡人」と言われながらも「人柄の小渕」として飾らない性格で首相の座を射止めました。首相就任後も海外メディアからは「冷めたピザ」などと評され期待されていませんでしたが、就任以降じわじわと支持率を上げていったという稀有な政治家でした。

小渕氏を含め、村山、橋本、小渕、森、小泉の5人の首相に仕えた古川貞二郎氏も厚生労働省事務次官ののちに8年にわたって内閣官房副長官という、すべての省庁の官僚に君臨する官僚トップの役職を務められました。古川さんは腰が低く、威張らない方で、かつ飾らない実直な人柄だからこそ、信頼されて敵をつくらず、要職を務めあげました。私は退官後の古川氏に「一念一念と重ねて一生なり」という言葉をいただき、座右の銘としています。古川さんの出身地、佐賀県に伝わる『葉隠（肥前国佐賀鍋島藩士・山本常朝による書物）』の言葉だそうです。古川さんのように上からも下からも人望あつければ、敵が少なく、味方が多いことも頷けます。市長の立場となった今、敵をつくらず一瞬、一瞬を大事にする積み重ねを私は大切にしています。

組織内のいざこざに巻き込まれてしまうとき

敵をつくらないようにと心掛けていたとしても、組織内のいざこざに巻き込まれてしまうこともあります。

例えば私の経験でも、こんなことがありました。

同期入庁の者同士が仲が良いとは限りません。「俺が同期で一番だ」「あいつのやり方は気にくわない」などの理由で、お互いに反目しあうことはよくあることです。本人同士が同じ部署で働くことはないとしても、気の毒なのはその部下や同僚など周囲の職員です。「俺とあいつとどっちにつくんだ」と言われたら、困りますよね。

私の場合は、反目しあう二人を順に部下として支えたことがあり、人事異動の前後でそれぞれの上司から「よくあいつの下で働けたね。大変だっただろ」などと話しかけられ、どう対応して良いか困りました。もっとも、この両者は水と油のように反目しあうだけあって性格や仕事の進め方が大きく異なり、その点でも大いに勉強になりました。

また、あるときは、異なる部長同士が反目しあうことがあり、それが原因で、本来協力して進めなければならない仕事が滞るということがありました。会議では、両者一歩も譲らず、お互いに顔を真っ赤にして議論するのです。こうなるともう、理屈はそっちのけで、プライドをかけた意地の張り合いです。裁定すべき立場にあった副市長の私からしても、どちらの意を汲み取ってもしこりが残りそうで、対応に苦慮したものです。

このような場合には、拙速に結論を出すと勝ち負けとして受け取られてしまうので結論を出さず、冷却期間を置いてどちらの部が勝ったとも言えないような結論に持っていくべきです。例えば、部の上に当たる役職（副市長や本部長）がトップとなるプロジェクトチームを構成し、両部が均等に協力する形を整えるなどの方法です。

収まるまでの間は、両者が出席する会議においては、どちらかの肩を持つ発言はしないことです。そうでないと、翌日からは、他方の部長はヘソを曲げて、全く協力しないか、妨害工作をする可能性もあります。個別に各部長と話をするなどして、角が立たないように物事を進める配慮が必要でしょう。

先に田中角栄が「味方をつくるより敵を減らす方が良い」と語ったエピソードを紹介しましたが、どちらかにつかないといけないシチュエーションを避けて「できるだけ敵をつくらない」ことを優先するのが組織サバイバルにおいては有効なのです。

勝海舟に学ぶ両面外交

前記の通り、基本的には、よほどのことがない限り選り好みしたりせずに、関係者全員を味方につけることをおすすめします。その意味で歴史上の人物で私が尊敬するのは、坂本龍馬を開眼させた師としても知られる勝海舟です。

幕末から明治に生きた勝海舟は、江戸幕府においては軍艦奉行などを務め海軍の創設・

育成や江戸城無血開城を実現し、明治維新後においては新政府でも海軍卿（のちに海軍大臣と改称された官職）など重職を務めた稀有な人物ですが、福沢諭吉からは（江戸幕府と新政府の）「二君に仕えた人物」と批判されました。勝は二君などと狭い考えで働いたのではなく日本国という大義に仕えたのだとこれを黙殺したうえで、幕府重鎮でありながら、現代なら犯罪者に該当する脱藩浪人である坂本龍馬とも付き合いました。当初暗殺するつもりで面会した坂本龍馬が勝海舟の弟子になってしまったエピソードがよく知られており、龍馬が推し進めた薩長同盟や大政奉還は、勝海舟の入れ知恵だと言われています。

大きなことを成し遂げるためには、組織内外において敵をつくらずに誰とでも親交を結び、多くの関係者を味方につけることが必要なのです。

私自身の話で恐縮なのですが、陸前高田市で仕事をしているとき、様々な住民グループと話をしました。話を聞いても、住民が求める要望事項はハードルが高いために簡単に実現できないことが多いのですが、それでも根気よく聞く姿勢を見せて問題意識を共有したり、時にはできない理由をきちんと説明するなどして信頼関係を築くことが大切です。その一環で、役所からは苦情系住民団体と目されていた団体にも関心の方が勝り（職員からは行かない方がいいですよと忠告をもらっていましたが）単身で足を運んだこともありました。

当然のことながら、実現できないような様々な要望をいただき、内心では「やっぱり来なければ良かった」などと気が重くなりましたが、のちにこの団体から、役所から会合に来てくれたのは久保田さんだけだと言ってもらえました。たとえご希望には沿えなくても、話を聞くというスタンスを保持することが、結果的には敵を減らし、信頼関係を築くことにもつながるのだと思います。

その4　正攻法がダメなときに使う「空中戦スキル」を身につけよ

上司や統括部署などに対して人間関係を構築し、誠意を尽くして事前の説明や根回しを行い、資料や根拠もしっかり準備をしているのにもかかわらず、相手が「わからず屋」であるためどうしても了解が得られない。このようなケースに、あなたも遭遇したことがあるのではないでしょうか。ここではそのような場合に知っておくべき「空中戦スキル」をご紹介します。ただし、副作用やリスクもありますので、使用される際には十分に気をつけることと、多用されないことをおすすめします。まずは、私の実体験をお聞きください。

係長をしていたある時、私はA省庁およびB省庁との交渉に臨んでいました。私（自省庁）が進めたい案件に対し、A省庁のスタンスは否定的でとても厳しく、こちらとしてはかなりの妥協を強いられましたが、なんとか合意するメドがつきました。ところが、さらに合意を取り付けなければならないB省庁はまともに取り合わず、B省庁内部で真剣に検討しているかどうかも疑われる対応を取っていました。こちらの立場からするとその案件で合意できないととても困るので、正攻法だけではダメだと判断し、上司と相談した上で次のような対応を取ることにしました。

すなわち、企業で言えば副社長や役員に相当する私の省の事務次官級幹部Xから、B省庁の同クラスの幹部に電話を入れてもらったのです。失礼になってはいけないのであくまでもソフトに「今ウチの省庁としてはそちらの担当課にこの件で相談しているのですが、ご存知ですか？　そちらの立場もあるかと思いますが、ここはひとつよろしくお願いします」といった内容です。

効果はてき面でした。B省庁では課長までしか報告が上がっていなかったので、その電話を受けた幹部から課長にその話が落ちてきたときに、驚くと同時に大騒ぎになったそうです。実際にはこれだけで合意に至ったわけではありませんが、少なくともこちらの真剣さは伝わり、交渉のテーブルについてもらうことは可能となりました。

この件では、合意に至るまでにさらにもう一つの手を使いました。先に合意したA省庁と合同して、B省庁にプレッシャーをかけたのです。具体的には、この件に非常に関心のある国会議員が与野党合わせて構成している議連（議員連盟）の場で、「本件は放置できない重要な問題と認識していますので、A省庁とウチではこのような案で対応しようと合意に至りました。ところがB省庁が協力してくれないので前に進みません」と報告するぞと半ば脅したのです。こうした方法の甲斐あってか、A省庁と合同して押し切る形でなんとか合意に至ることができました。

この事例では、副社長級幹部Xを使って「上から落とす」方法と、A省庁と「合同してプレッシャーをかける」方法及び「相手に影響力を持つ第三者（議員連盟）」を用いていますが、これは組織内の説得という小さなレベルから取引先との交渉といった大きなレベルまで応用が利くものです。以下に使用方法を詳細に解説します。

（1）「上から落とす」方法

（例）あなたの上司である課長が困った人で、誤った決断をして困るとき、課長の上司である部長に裏で話を通しておき、部長から課長に指示をしてもらう。

ただし、この方法はいくつかのリスクがあります。例えば、裏で部長と通じていること（課長に無断で部長に相談したこと）が課長にバレる可能性があります。また部長が課長を重用している場合、こちらの思い通りに部長が動かない可能性もあります。「君の部下がこんなことを僕に言ってきたけど、君はどう思う？」などと部長が課長に尋ねれば、激怒した課長によりあなたが被害を受けることは火を見るより明らかです。したがって、あくまでこうした方法は常用・多用すべきでなく、正攻法が全く通じないときに、部長と課長の人間関係やあなたと部長との信頼関係などを注意深く調査した上で、実行に移すべきでしょう。なお、このような選択肢を常に取れるようにするためには、直接の上司である課長だけでなく、部長との関係も築いておくことが大切です。役員クラスや部長と関係を築く方法については前述しました。

（例）他部署の交渉相手（係長）をどうしても説得できないとき、交渉相手の上司（課長）に対して自分の所属部署の課長（上司）から依頼する。

ただしこの場合も、課長同士がいがみ合っているような場合には逆効果ですので良好な関係が築かれていることが前提ですし、頭ごなしに課長から指示を受けることになる交渉相手の係長もこうした空中戦を嫌がる場合もあります。

有効なケースとしては、交渉相手の係長は合意しているにもかかわらずその上司である課長を自力で説得できないという場合、こちらの課長から先方の課長に話をしてもらうことでスムーズに話が進むことがあります。

（2）「合同してプレッシャーをかける」方法

（例）社内でA課長のみが反対していて物事が進まないとき、会議の多数派工作を行う。

具体的には、A課長以外の全課長、あるいは特に関係が深い複数の課長に事前に根回しを行い、会議前に賛同を取り付けます。それだけではA課長が一歩も引かない性格であるならば、会議の綿密なシナリオを作成します。例えば口火を切る役割、賛同する役割、あえて反論する役割、反論をつぶす役割などを準備し、実質的な議論がなされたかのような雰囲気づくりを行うと効果的です。民主的な議論の機会が失われるため私はこのような方法は好きではありませんが、選択肢として持っておくべきです。

こうした方法は「外堀を埋める」とも言われますが、会議前にすでに勝負がついているのですね。なお、自分がそのターゲットにならないようにするには、自分の担当外であっても社内の主要プロジェクトに注意を払うとともに、日頃から他部署のキーパーソンと関係を構築しておくことが予防になります。ターゲットになりそうになっても、そのことをこっそりと誰かが知らせてくれるはずです。

(3)「相手に影響力を持つ第三者を登場させる」方法

先に述べた事例のB省庁を説得するために、議員の存在をチラつかせて「議連を構成する複数の議員がこの件では強く関心を持っていて、今日も呼ばれて圧力をかけられました」などと強調する方法を用いたのですが、この方法は上司を説得するときにも有効です。

例えば、あなたがやりたいプロジェクトがどうしても課長の了解が得られずに実行できそうもない。このようなとき、あなたはどうしますか？

課長の上司である部長から指示を出してもらう方法もありますが、それは最後の手段としておき、まずは課長が反対している理由を突き止めることです。課長が反対している合理的な理由があるなら、それをクリアすれば良いのですが、単に優柔不断であるなど、特に合理的な理由が見当たらない場合には、課長が弱い相手が誰かということを調査します。そして、その課長が弱い相手に説得させるのです。この場合、**「弱い相手」は人間だけとは限りません**。例えば、論文や新聞、雑誌、ラジオ、テレビなどメディアに弱い人はとても多いです。そのような場合は掲載記事を収集したり、伝手をたどってメディアへの掲載を働きかけることも有効な手段となります。弱い相手の候補は以下の通りです。

・業界団体のトップの発言
・国や地方自治体などの行政機関

・論文（特に海外論文に弱い人がいる）
・新聞、雑誌、書籍
・ラジオ、テレビ

ですから、上司に影響力がある第三者の存在を、普段から見極めるようにすることが重要です。上司との何気無い会話やよく見ているテレビ番組や新聞・雑誌、付き合いのある人物や交友関係などを注意深く観察すると良いでしょう。

その5　部下の仕事を奪ってはならない

「この人のために頑張ろう」という気にさせてくれた上司

仕事はチームで成果を出すものである以上、上司には上司の、部下には部下の役割があります。しかしながら、特定の人に業務が偏っていることはありませんか？　チーム内で適切に業務分担ができていることは、珍しいことなのかもしれません。

とりわけ、**上司がマネジメントに徹することをせずに部下がやるべき仕事に手を出している例**をしばしば見かけます。確かに、部下にやらせるより自分でやったほうが早くできるし、仕事のクオリティ（質）も良いのかもしれません。しかし、幹部からの突発的な指示やマスコミなどの対外的な対応、トラブルが生じたときの陣頭指揮などを考えると、上司はできるだけ手を空けておくべきで、部下がやれる仕事は任せるべきです。そうでなければ、いざというときに上司が果たすべき役割を果たすことができず、結果としてそのプロジェクトが失敗することにもなりかねません。

私が官僚1年目のときに仕えた上司のSさんは、他の方のように私からの問いかけや相談にも「今見ないといけないの？　忙しいんだけど」などと言ったりせずに「今は手が離せないので後で聞きますね」と丁寧に対応した上で、実際に手が空くと呼んで話をじっくり聞いてくれました。私はそれだけで感動していましたが、それればかりか、担当部署の重要プロジェクトである法案作成チームの手伝いや海外出張にも行かせてくれました。

1年生の私に仕事を任せることは、いくら人手不足とはいえ、とても勇気がいることだったと思います。たくさんの部下を抱えるようになった今、より一層それを実感していま す。Sさんのように、たとえ新人職員とはいえ、信頼して任せてくれると、部下は「この人のために頑張ろう」と思うものなのです。

言うほど簡単なことではありませんが、部下を信頼して仕事を任せる。そのことが、あなたが上司本来の仕事やそれより上のレベルの仕事をすることにつながるのです。

その6　大きな壁に当たったときこそチャンスだと知れ

責任の大きいポジションを任されたとき、どう決断するか

私のキャリアの中で最大の決断は、35歳で被災地の岩手県陸前高田市の副市長就任を打診されたことです。この経緯は、拙著『私が官僚1年目で知っておきたかったこと』（2012年、かんき出版）でも触れましたが、ここではその時の心の動きを中心に振り返り

ます。

被災地の市長を支えてくれないかと最初に言われたときには、突然の話にとても驚き、またその責任の大きさに正直、ビビりました。陸前高田市は同市の東日本大震災検証報告書（2014年）によれば人口のおよそ8%、死者、行方不明者あわせて1700人以上の、最大の被災地と言ってもいい場所で、市役所も全壊しています。その町のナンバー2である副市長が自分のような者に務まるのか。いくら国の官僚として経験を積んだとはいえ、それがこのような非常事態に役立つのか、考えれば考えるほど不安でしかありませんでした。あれこれと思い悩む中で、結局お役に立てずに半年も経たないうちに東京に送り返されるというような悪い想像までしてしまいました。

しかしながら、一晩眠れない夜を過ごした翌日には、この話をつないでくれた内閣府の先輩である佐賀県武雄市長（当時）の樋渡啓祐さんに対し、次のようなメールを送りました。

「一晩、考えました。

自分のような者がお役に立てるのかという不安がある反面、非常にやりがいのある仕事のように感じました。
運を天に任せ、この身は樋渡市長にお預けします。
どうぞよろしく、お願い申し上げます。」

このような決断に至った理由は、自分のような者が役に立てる自信はないけれど、奥様を津波で亡くされた中で陣頭指揮を取り続けている戸羽太市長の力にわずかでもいいからなりたいと願ったからでした。また、このオファーを断った場合、残りの私の人生の中でずっと、そのことを後悔し続けるに違いない、だったらたとえ失敗に終わったとしてもやってみようと考えました。

誰しも、責任が大きくプレッシャーのかかる仕事を任される場面というのはあるかと思います。そのような場面で、いつなんどきでも引き受けた方が良いとは軽々しく言えません。ですが、「あのときのオファーを引き受けておけば良かった」などと後悔することのないように決断していただきたいと思います。

私はその後、着任した陸前高田市でご家族を亡くされたご遺族の方々と多く知り合いました。自然災害は年齢を選びません。子どもでさえも津波で命が失われました。人生10

0年時代かもしれませんが、若くして亡くなればそれがその人の天寿です。一度きりしかない人生を、悔いのないように生きることがそれ以降の私のテーマとなりました。そしてこの経験は、44歳のときに地元である静岡県掛川市長選挙への出馬を要請されたときにその挑戦をすることにもつながりました。

尻込みしてしまうほどの責任が大きくプレッシャーのかかる仕事を引き受けた結果として、4年間の経験は私を大きく変え、人脈も飛躍的に広がりました。仕事のステージが上がったことを実感しています。一度しかない人生、大きな壁に思える仕事にもぜひ取り組んでみてください。

その7　ブラックな職場から自分の身を守れ

長時間労働をこうして乗り切った

本章の最後に、長時間労働の問題を取り上げます。冒頭の「はじめに」でも書きましたが、私自身、霞が関の官庁に勤めていた20代から30代の頃は月に150時間の残業をしていました。残業の多さやストレスに耐えかねて体に不調が現れたり国会内で倒れたこともあります。しかし、私にとって幸いだったことは、苦しくて辛い法案作成作業の先には、生きづらさを抱える当事者を支援する仕組みが整い、少しでも社会がよくなるという実感が持てたことでした。さらには、その苦しいときを共に励まし合いながら過ごすことができた上司や同僚、部下などチームのメンバーに恵まれたことです。それがなかったら、とてもやっていけなかったに違いありません。

『ブラック霞が関』（2020年、新潮新書）の著者で友人の千正康裕さんがこう述べています。

厚労省を含め霞が関では、仕事が増え続ける一方で、人員は減り、長時間労働が常態化しています。長時間労働そのものの問題もありますが、より本質的なつらさは、社会の役に立ちたい、この国で暮らしている人たちの生活を少しでもよくしたい、そのための政策をつくれるはずだという思いで官僚になったのに、そういう実感が持てずにいる

ことです。

長時間労働が常態化していた過去の自分を振り返ってみても、千正さんのいう通りだと思います。人は、多少残業が多くても、その作業の先にお客さんの笑顔や明るい未来が見えていれば、なんとか頑張っていけます。その逆に、その作業がなんの役に立っているかわからない、あるいは後ろ向きな内容であるとき、人の精神は病んでいきます。それに加えて、パワハラ上司に心ない言葉をぶつけられたり人を人と思わないような扱いをされれば耐えきれずに病んだり壊れたりするのは当たり前です。

長時間労働を正当化してはいけませんし、それを強いる組織（会社）に問題があることは明らかですが、どうしても今すぐにそれを改善することが難しい場合、組織や上司はその先にあるビジョンを共有したりチームが励まし合うような雰囲気づくりなどを心がけていただきたいと思います。

長時間労働から身を守る方法

とはいえ、長時間労働を避けられるならば、避けるに越したことはありません。個人として身を守る方法を身につけた方が良いでしょう。

1　業務を効率化する
2　人間関係を向上させて余計な業務を生じさせない
3　職場改善提案を行う

ここでは3つの方法に触れます。1つ目は業務の効率化です。電子化によるスピードアップなどは誰しも取り組んでいることかと思いますが、その作業のアウトプットの「イメージ」や「完成度」についても吟味すべきです。

様々な観点からの批判やツッコミに耐えられるようによく練ってつくった文章や資料が、発注者の課長に見せたところ、よく見ずにボツにされた。そんな経験があなたにもあるのではないでしょうか？

これは、発注者が求めるアウトプットの「イメージ」が受注者のあなたの「イメージ」とずれていたのでしょう。また、「イメージ」は一致していたとしても、発注者が求めているのはもっと簡易な資料であって、あなたが労力をそこまで投入して完成度を高める必要はなかったというケースも良くあることです。このようなズレを無くすために、労力を投入する前にアウトプットのラフイメージを持って発注者と打ち合わせをすべきです。そうすれば無駄な作業を減らすことができます。

2つ目は既に述べた上司を含む職場内の人間関係の構築です。これをすることによって、あなたが担当する仕事がスムーズに進みます。逆にこれを怠ると、「俺はこの件を聞いていないぞ」などと言われ、仮に相手に悪意がないとしても無駄な作業が生じたり、時間が余計にかかったりしてしまいます。

3つ目は、長時間労働が生じていることや人員の増加が必要であること、作業を効率化するための電子・ペーパーレス化などを人事課や総務課などに提案することです。これは個人が提案するより人数を集めたほうが効果的なので、職場の仲間にも相談して連携して声をあげましょう。職場に労働組合があるのなら、そのような場を通じて声をあげるやり方もあるでしょう。私は内閣府に勤めていた頃は、省庁横断の若手官僚の会「新しい霞ヶ関を創る若手の会（プロジェクトK）」の仲間とともに職場環境の改善提案を行いました。

テレワークは福音となるのか

新型コロナウイルス感染症の影響でテレワークが普及しました。今では自宅でリモートワークをするのが日常になったと言う人も少なくありません。テレワークは長時間労働やパワハラにどのような影響を及ぼすでしょうか。

ＩＴ系の会社でテレワークが常態化している人にヒアリングしたところ、以下のことがわかりました。まず、メリットとしては、上司と顔を合わせる機会が激減することから、パワハラが減ることが挙げられます。テレワークの場合はオンライン会議も録画可能で、メールでの仕事依頼はログが残ることから、口頭でのやり取りと異なりパワハラが生じにくくなることは身を守るためには大事なポイントです。

長時間労働については、上司から命じられる機会がなくなることから労働時間の管理がしやすくなり、基本的には減る方向です。ただし、いつでも自宅で仕事に取り組めること

テレワークによる影響

【メリット】
・パワハラが減る　・長時間労働が減る
【デメリット】
・人間関係を維持しにくい
・中間管理職の残業増（仕事を抱え込む）

から、これまで以上に働いている人も一部にはいるようです。とりわけ、中間管理職はテレワークになるとこれまでのように隣の席にいる部下に口頭で仕事を依頼しにくくなることから自分で仕事を抱え込む傾向にあるそうです。

また、他のデメリットとしては、これまでのように毎日顔を合わせてコミュニケーションを取る機会が失われたため、職場内の人間関係が希薄になることが挙げられます。コロナ禍以降に入社した社員は、職場内の人間関係をリモートでゼロからつくり上げなければならないため、やりがいを感じられないなどの問題に発展しやすいとも聞きました。

こうした職場内の人間関係をめぐる問題を解消するため、週に1回や月に数回、特に新しいメンバーがチームに加わった時などに出社日を設けるほか、始業時や終業時にチーム全員でオンライン会議を行ったり、上司と部下の1対1のオンライン面接を行ったりするなどの対策が取られているそうです。

まとめると、テレワークはパワハラや長時間労働が生じにくくなるメリットはあるものの、職場内の人間関係の構築・維持に課題が残ります。テレワークになっても根回しが一切不要とはならないため、人間関係の維持にはこれまで以上に意識を向ける必要があります。

泣き寝入りすることなく勇気を出して証拠を残せ

テレワークによりパワハラの証拠が残るようになることがパワハラの撲滅につながるのと同様、パワハラはその事実が公になれば加害者は処罰されるべき運命にあります。いま現在そうした行為に苦しめられている人は、たとえテレワーク中でなくとも、まずは問題となる暴言や度を超えた行為の記録を取ってください。録音や、メモでも構いません。行為が発生した日時と具体的内容を後で提出できるように記録することが大事です。

実際にそうした証拠を提出する先はパワハラ上司の上位役職者や、人事を扱う総務部などになります。実際に提出するかどうかは別として、そうした証拠を準備していることで、精神的に優位に立てるメリットもあるかと思います。

なおこのように「記録」をおすすめする理由のその1は、人事処分などを検討する立場からすれば、具体的な証拠がなければ、その部下からの訴えがあったとしても、軽く注意するくらいのことしかできないからです。その場合、残念ながら「指導に力が入りすぎました。以後気をつけますので」くらいで終わってしまい、その人の行動が変わることはありません。私もよく飲み会などの場で、「自分の上司がひどいことを言う」などと訴えを聞くことがありましたが、具体的な記録があれば状況は変わっていたと思います。

記録すべき理由の二つ目は、こうしたパワハラ上司と言えど、業務上の成果は並の人以上に出しているケースが少なくないからです。「あいつは少々強引で性格にも難があるが、成果は出しているからなぁ」という評価がされている場合、少々の問題は見過ごされやすいので、グレーではない明確なパワハラに該当する必要があります。

したがって、職場におけるサバイバル術の一つは、こうした行為に対して泣き寝入りすることなく、毅然と証拠を記録する勇気を持つことだと思います。

ワンマン社長やパワハラ上司への対処方針

① その人を変えようと思わないこと

② 自分の考え方や対応方法（サバイバル術）を身につけることで対応

③ 暴力・パワハラ・違法行為・不正には毅然とした対処を行う

「その人を変えられる」と思わないこと

ワンマン社長やパワハラ上司に悩んだ経験がある方は多いと思います。本書は、人間関係をサバイバルすることを推奨していますが、心身がすでに限界の状態にある方に、無理してでも頑張れというつもりはありません。限界の状態になる前に、まずは医療機関を受診されることをおすすめします。

そして、原因となっている相手を「変えられる」と思わないことが大切です。こちらが挨拶をしても返してこないような相手に変わってほしいと思うから、腹を立てたり嫌な気持ちになったりするのです。「この人はこういう人なのだ」と受け入れること、その人と距離を置いてできるだけ関わらないようにすること（仕事上の最小限の付き合いに止めること）が大事です。

「その人を変える」より、自分の考え方や対応方法を変えることの方が有効ですので、難しい人間関係においても、なんとかやり過ごす術（サバイバル術）を身につけることが大事です。そして、難しい人間関係のサバイバル術を身につければ、新しい環境や転職先においても、活躍できる場面が多くなります。なぜなら、逆説的になりますが、転職理由で職場の人間関係を挙げる人が多いということは、それをサバイバルできる能力を身につけた人は貴重な存在となり、どんな職場でもしなやかに働くことができるからです。

また、組織で新規事業等への人事配置を担当した経験から言えば、複雑な人間関係を問題なくやり過ごせそうな職員は、それだけで評価の対象となります。とは言え、すでに述べたようにその相手が暴力やパワハラ、違法行為や不正に関わっている場合は、記録を残すなどして毅然とした対処をすることをおすすめします。

第3章

設問（ケース）で考える、上司の対処法

組織サバイバルの要諦は、何をおいても、上司との関係であると痛感しています。しかし、これについては、BOSSマネジメントを身につけることなく、単に良い上司に当たればラッキー、悪い上司に当たれば不運、といった風に片付けていないでしょうか。上司は自分でコントロールすることができませんが、様々なタイプに応じた対策を立てる事は可能です。

そんなに上司に合わせなくてはならないのか、と思う人もいるかもしれませんが、どんな上司でも、業務や人事の決裁権限を持っていることを忘れてはなりません。上司に適切な対処をするためには、上司の観察が欠かせないのです。本章では上司の対処法を設問形式で見ていきましょう。

設問1　月曜日の朝一番に仕事上の相談を上司に持ちかけたところ、理不尽に怒られた挙げ句、話を聞いてもらえませんでした。
何がまずかったのでしょうか？

まずはこのお題について、考えてみてください。答えは後ほど解説します。

瞬間湯沸かし器タイプの上司に理不尽に怒られる

私が上司との関係に悩み抜き、体を壊してまで学んだことは、「上司をよく観察する」ということです。それを教えてくれたのは、官僚になってすぐに出会った上司でした。了解を得なければならない案件について、自分なりにベストな案を考えて相談に上がっても、「なんだよ」「俺は今忙しいんだ。今見ないといけないのか」と相手にもしてくれませんでした。また、ちょっとしたことで怒りが沸点に達してキレることがあるため、その上司は「瞬間湯沸かし器」とも言われていました。他方で、暇なときは用もないのに私の席まで仕事の邪魔をしにきました。

残業時間（超過勤務）は月に100時間を軽く超えるほど忙しい部署だったので（官僚1年目で暇な部署の人というのはいないので標準的だとは思いますが）、そうした身体的な疲労に加え、上司との関係で大いに悩みました。

まだ20代前半でしたが体には不調が現れました。まずは朝起きられないほどの腰痛です。体を起こすと激痛が走るので、寝床から転がるように這い出していました。次に、手の指にできたイボです。同僚にそれを見られると「気味が悪い。うつるのか、それ？」と言われて暗澹たる気持ちになりました。病院にも行って診察してもらいましたが、ストレス性ではないかと言われるくらいではっきりしたことはわかりませんでした。1年ほどでどちらも症状は消えましたが、今思えば明らかに、上司によるストレスだと思います。

体を痛めながらも身をもって学んだことは、「上司には話しかけてはいけないタイミングがある」ということでした。ですから常に上司の動向を目の隅で追い、自分の仕事をしながらも上司の状態によって赤信号、黄信号、青信号と他人に見えないランプを脳内に灯すようにしました。

上司を観察するようになって新たに気づいたことは、黄信号や赤信号になるタイミングには、法則があるということでした。青信号から黄信号に変わる前には、必ず官房総務課という、国会対応や幹部の面倒を見ている統括部署からの内線電話が入っていたのです。この電話の後は、急ぎの資料作成や国会議員会館へのレク（訪問してのご説明）、その他の無理難題が降ってくるので、それをさばかなければならない立場の上司は余裕をなくしてテンパってしまうとともに、機嫌も一気に悪くなっていたのです。

この「発見」の後の私は、内容はわからなくても上司のもとにかかってくる電話の様子に注意を払うようにしました。そして、電話の様子から特定の資料が必要そうだとわかったら、その資料をプリントアウトするなどして、秒速で対応できるように準備するようにしたのです。ここに来て、隣の係の口うるさい先輩が「仕事のときは耳をダンボに」と言っていることにようやく合点がいきました。

悪く書きましたがこの上司はテンパっていないときには、まだ1年生だった私を連れて幹部や先輩たちの部署を訪問して挨拶まわりにいってくれるなど、優しい側面もある方でした。そして何より、「上司は観察対象である」という実に大切なことを身をもって教えてくれたことに今では大いに感謝しています。

（答）　上司の状態を観察しよう

月曜日の始業直後はその週の予定の確認などのため幹部が出席する会議が設定されていることが多い。上司はその会議のメンバーで、報告を求められている立場なので、その会議の直前はテンパっていて部下の話を聞いている余裕などないのだ。

（解説）

ここで重要なのは、あなたの都合ではなく、「上司の都合」で仕事を進めているかどうかである。

もちろん、いい上司であれば、大事な会議前だろうがいつなんどきでも部下の話を親身になって聞けるだろうが、そういう上司は少ない。

設問2　A、B、Cの3つの案件。この順で重要度が高いとあなたは思っています。

上司から早く了解を得るためにはどの順で説明しますか？

（答）

この問いの答えは、上司の考え方、優先順位に依存します。あなたが、ABCの順に優先順位が高いと考えていたとしても、上司がCBAの順に優先順位が高いと考えているならば、その順に説明すべきなのです。

（解説）

私はこの点に関し、痛い経験があります。前日に上司より、「おい、あの件はどうなってる？」と尋ねられた際に、「近々ご報告にあがります」と答えていたにもかかわらず、翌日の上司への相談では、別件を先に相談してしまったのです。たったこれだけのことで、上司からは、「おい昨日も言ったあの案件はどうなっているんだ」と重ねて問われ、別件まで台無しになってしまいました。もちろん上司のタイプにもよりますが、説明の順番はそのくらい大事です。

なお、上司の優先順位が特にない場合については、あなたが考える優先順位が高い順の説明で構いません。ただし、上司の優先順位がわからない場合は、別の問題があるかもしれません。普段から、上司とのコミュニケーションが不足しているかもしれないのです。

この問いに対し、小心者の上司に対しては、了解の得られやすい、易しい案件から順に説明すべき、と答えた人がいました。上司の性格を観察した結果であれば、その答えでも構いません。

設問3 エレベーターの中で上司と二人になりました。（仕事以外では）どんな会話をしますか？

（答）

この問いに対する答えは、下記の通りです。

「冗談を言う」は松、
「ホメる」は竹、
「お礼を言う」は梅、
「当たり障りのない世間話をする」はギリギリ及第点、
「無言／会話しない」は落第点

（解説）

そもそも、エレベーターの中でわざわざ会話しなくてもいいじゃないか、と言う声が聞こえてきそうです。確かに、会話すべきであると言う規則もルールもありません。ただしこの問いは、上司をただの上司として見るか、それとも長期的に友人関係を結びたいかどうかと言うテストでもあります。もしエレベーターで友人と偶然一緒になったら、何かお話をしますよね。

人間性が素晴らしい上司であればともかく、お友達になりたくないような上司もいるよ、というふうに考える人もいると思います。それでもあえて、私は上司との友人関係を目指すことをおすすめします。その理由は**自己保身のため**です。友人関係であれば、上司に対しても公私ともにいろいろな相談ができるはずだし、部下に対して少なくともひどい扱いはできないはずだからです。

友人といっても、なんでも話せる親友と、年賀状のやりとりをするくらいの距離の遠い人とがあるように、すべての上司と親友になれとは言いません。適切な距離を取れば良いのです。

この設問に対する答えの解説に戻ると、「冗談を言う」がベストな答えですが、これは難易度が高いのも事実です。誰も傷つかないような自虐ネタなどがベストですが、なかなかできない人もいるでしょう。そこで、次に「ホメる」ことがポイントが高いです。例えば、上司の服装や、あるいは上司に紹介してもらった人やお店などを褒めるのです。それも難しい場合は、以前上司にしてもらった指導や、ちょっとしたことに対して「お礼」を言ってみましょう。

このようなときにも、上司の観察が役に立ちます。「息子さんが野球で大活躍とうかがいました」なども間接的に褒めています。そう言われて悪い気になる上司はいないでしょう。ただし、くれぐれもエレベーターの中でおもむろに「お子さんはいらっしゃいますか」などと聞かないように。「いないけど」と言われた場合、そこで終わってしまい気まずい雰囲気になってしまいます。あくまで事前のリサーチに基づき会話をすることです。

課長は部長の顔色を見ながら仕事をしている

ここまで、上司を観察することの重要性について詳細に述べてきました。観察するといっても、上司の性格や家族構成のみならず、直後に会議を控えていないかといったような上司の都合、また上司の案件に対する優先順位など、上司の考え方についても把握しておくと良いでしょう。

そして、上司の観察結果を上司への説明の場面でも活用しましょう。現在市長として部下からの説明を受ける立場としては、もう少し「何に関する相談なのか」「前提となる背景は何か」といったそもそも論の説明が欲しいところです。担当者のようにその案件に毎日触れているわけではないので、前提や背景をまず頭に入れておきたいからです。いきなり段取りについての相談や、関係者からこう言われたけどどうしようか、といったような相談では、適切に判断することが難しいのです。

上司への観察については、課長の了解を得ることに熱心になるあまりに課長を事細かに観察しさえすれば良いかと言うと、それも少し違います。なぜなら、課長は部長の顔色を窺いながら仕事をしているからです。私は若い頃に「**2段階上の上司の視点で仕事をせよ**」と指導を受けましたが、課長の上司である部長のことも観察した上で、部長から了解を得やすいようなポイントに配慮した上で課長に説明するといったように仕事を進めると、課長もGOサインを出しやすくなります。

上司を論破してはいけない。直言する「作法」が大事だ

上司を観察して、あるいは上司になったつもりで説明方法を考えていく、ということがここまでの基本的な主張ですが、上司がどんなタイプであれ、やってはいけないことがあります。それが「論破する」「批判する」ことです。

私も若い頃は何度か上司に直言して機嫌を損ねたり、以後話を聞いてもらえなかったりするなどの仕打ちを受けました。たとえ正論であっても上司に対しディベート大会のように論破してはいけません。ＡＩが上司になる時代になれば別かもしれませんが、人間の上司は確実に気分を害するのです。では、上司には一切楯突くなということかというと、それも違います。実は、上司に意見するには「作法」があるのです。

具体的には「そのようにすると、私は○○のことがとても心配なのですが……」という言い方を使います。「反対する理由が3つあります」などのように言っていいのはディベートのときだけです。その理由は、この作法だと、「私は○○が心配だ」と言っているだけで、上司に対する批判には聞こえないからです。これを使った場合、上司は批判されて

上司へ直言する作法

× 「私はその意見に反対です。
理由は三つあります。一つ目は……」

○ 「そのようにすると、私は○○のことが
とても心配なのですが……」

いるとは思わず、「君も心配性だな。じゃあこうしたらどうだろう」などと撤回してくれる可能性が高まります。

悪気なく部下をつぶす上司の悪習

観察するのも嫌になるくらい、あるいは「あの上司の下なんだ、君も大変だね」のように噂になっている人物の下で働くことになった場合、「今日もあの人と仕事をするなんて……」「顔を見るのもうんざり」となっても不思議ではありません。私にも経験がありますので、どんなに日々の仕事が憂鬱であるかは想像できます。

まず確認しておきますが、その上司が不正行為（法に触れる行為）やパワハラ、セクハラタイプの場合には、すでに述べたように記録を取ることをおすすめします。

ここで紹介する事例は、明確にパワハラかどうかは断定できないものの、部下を何人もつぶしてきたようなケースです。その上

司は、異常に理屈っぽいタイプでした。持論は「前例どおりに仕事をすることを許さない」で、議論となると一歩も引かないので、その上司の了解を得ることに課員全員が疲弊していました。役所は前例にないことはやりたがらないのが欠点なので、「前例どおりを許さない」のは良いことではないか、と思う方もいることでしょう。私も、安易な前例踏襲主義は慎むべきだと考えていますが、いつなんどきでも前例に従うことを許さないのは、逆に問題を生じさせます。例えば、何十年も続いている事業や施策は、少しずつ改善を繰り返しながら現在まで続いています。一定の効果を生み出しているからこそ、現在の形で続いていると言えるのです。それを、思いつきのような形で廃止したり改革したりすることは、関係団体や関係者に大きな混乱と迷惑を生じさせます。その上司の指示通りに物事を進めたならば、そのような混乱が生じることが明白だったのです。

特に気の毒だったのが私の同僚の課長補佐で、やや小心なところがある彼は、その上司からの度重なる指示に、心が病みそうになって私にも相談してきました。40代半ばのその男性は、私の前で涙も流さんばかりに、どうしたら良いかわからない、もう心が折れそうだと訴えるのです。私もその上司の特性は十分に認識していましたので、その男性が上司に了解を得る必要がある案件の相談のときには同席し、何かと助け舟を出すなどフォローしました。

このようなタイプは、残念ながら変わることはありません。部下として付き合い方を変えるしかないのです。以下に3つの対処法を示します。

異常に理屈っぽい上司に対応する3つの対策

(1) 議論しない

一つ目は、その上司との議論をできるだけ避けることです。聞く耳をもつ上司であれば議論することに意味がありますが、聞く耳を持たず、一歩も引かない相手とは議論しても言い負かされてしまうだけです。このため、議論せずに上司の主張を見極めることだけにとどめ、「わかりました。再検討します。」と言ってまずは引き下がりましょう。

相手の主張を確認したら、その主張どおりに物事を進めて良いか具体的に検討します。例えば、大枠はその指示の通りに進めながらも、細部をおさえることで問題なく進められる場合もあります。先ほどの事例の上司も、大枠にはこだわるが細部には興味がない人だったので、細部をこちら側でコントロールすることで乗り切れたことが何度かありました。細部のコントロールでは乗り切れない場合は、「具体的に」「どのような不都合が」生じるのかを数字（ファクト）で説明できるように用意します。そして、次の相談の際に、「ご指示の通りに検討したら、次の問題が生じましたが、どのようにしたら良いでしょうか」と判断を仰ぎます。勿論担当者としては、「その指示が不適切である」ことを言いたいのですが、そこは黙って飲み込み、あくまで上司を立てながら、判断を求めます。賢明な上司であれば、そこで考えを改めてくれることもあるかと思います。もしそれでも不都合に構わず自説にこだわるようなら、もはや正攻法では無理と判断し、次に進みます。

(2) 第三者を使う

上司は、部下に対しては言いたい放題でも、外部の関係者に対しては愛想を言う場合も多いものです。また、同じ主張であっても、それが部下の口から出たものであれば聞く耳を持たなくとも、特定の関係者からのものであれば、素直に聞き入れることもあるかと思います。そのような場合には、関係者とも十分に段取りを打ち合わせて、関係者から上司を説得してもらうのが有効です。もちろん、上司との打ち合わせの名目は説得ではなく、間接的な案件またはダミーの他の案件（近況報告、またはご提案など）としておくことは必要でしょう。お気付きの方も多いと思いますが、これは第2章P54で解説した空中戦スキルです。上司に対しても有効なのです。

(3)（いざというときは）その上司の上司を使う

それでもダメな場合、上司の上司を使いましょう。これも既に解説した「上から落とす方法」です。例えば上司である課長に問題がある場合、その上司である部長や局長に案件と状況を理解してもらい、部長や局長の口から課長に指示を出してもらいます。とはいえ、唐突に部局長から指示があれば、課長も何があったか気づくでしょうから、指示を出してもらう方法については、なるべく自然な形でしてもらえるよう、十分に作戦を練る必要があります。例えば、次回の別案件の部局長との会議の場で、そういえばと言う形で発言してもらうなど。当然のことながら、その部局長が常識的な判断ができる方であることが前提ですし、課長と部局長との関係も、（趣味を通じて仲が良いなどの関係があるかどうかなども含め）十分にリサーチしておく必要があるでしょう。

なお、先にこの方法を使うのが良いのではないか、と思う方はそれでも構いません。要は、今後の影響が少ない、リスクの少ない方から採用するということです。この方法を使うと、段取りが悪いと一足跳びに相談したことが課長に露見するリスクがあります。そうなると、あなたを信用してくれなくなるばかりか、人事異動等で報復される可能性もありますので、くれぐれも十分に気をつけてください。

上司に要領よく報告するポイント

市長として毎日入れ替わり立ち替わり、多数の部署の異なる部下から報告・相談を受ける中で感じることは、説明の仕方が部下によって千差万別であるということです。一番厄介なのは、要領を得ない話を延々とする部下です。中には、配布された資料に書いてあることを、そのまま朗読する部下までいます。「この話の結論はなんですか?」「もっと短めに話をしてもらえますか?」と言いたい気持ちをぐっと抑えてひたすら話を聞くのは、忍耐が要ります。上司は「我慢ゲーム」だなあと感じる所以です。とりわけ部長以上の経営幹部は、分刻みのスケジュールで動いているはずですし、部下からの説明を短時間で把握することに優れているので説明する側は、より注意しなければなりません。場合によっては、それだけで「時間泥棒で要領を得ない部下」とレッテルを貼られてしまう可能性があります。

これを避けるために、次のようなことに配慮すると良いでしょう。

・上司を観察してどんな報告が好きか見極める
資料を読みたいタイプか、口頭報告を好むタイプか
詳細な資料が好みか、簡潔な資料が好みか

・報告中の上司の態度や目線に気を配り、説明の順序やスピードを変える
上司の目線が資料の先の方を見ているようなら、説明を省略して先に進む

・上司にも喋らせる時間を確保する
次の会議までの30分間の予定で打ち合わせをしているのに、30分間かけて説明を延々と続けた場合、上司が質問することができずに消化不良になる

かつての部下がえらくなって上司になったとき

民間企業では、40代の部長の増加に伴い、かつての部下が偉くなって上司になることがあると聞きます。年功序列が慣例となっている役所では滅多にそのような事例は発生しませんが、ポジションの数が少ない副市長や部長に、同期やかつての部下が就任したり、入庁時期の違いによって同級生が上司になったりすることがあります。このように、かつての部下や同級生などよく知っている人が上司になったときにどう振る舞うべきでしょうか?

改めて確認したいのは、職場における上司・部下の関係は、人間の上下を決めるものではないということです。職場の人間関係は永続的なものでもありません。ですから、上司も部下も、その役割を「演じる」という意識を持つことが大切なように思います。

年上や先輩、同級生である人を意図せず部下としてきた私の経験ではやりにくいことばかりでした。年下の部下の方が気を使わなくて良いのでよほど楽です。ですが、立場を与えられた以上、その役割を演じました。ただし、彼らが部下であってもそれは一時的なものかもしれないうえ、一人の人間としては敵わないことが多いと自戒していました。

年下のあなたの上司も「うわー、彼が部下にいるよ。やりにくいなぁ」と思っているものです。こんな時こそ人間としての余裕を示すチャンスです。

そして経験値が上のあなたからすれば、忠告や意見を上司に対してしたくなるかもしれません。もちろん、それはぜひしてあげてください。ただし、他の社員が聞いていない場所でそっと行うのが大人のマナーです。

最後に、些細に見えますが大切なことを付け加えますと、以前その上司が部下だったときになんと呼んでいようと、上司になった以上、「さん付け」で呼ぶようにしましょう。あなたとの関係を心配している周囲も安心して見守ってくれることでしょう。

無能ポジションになってしまったとき

残念ながら閑職に割り当てられてしまったときは、どうすれば良いでしょうか。例えば創業者一家のいざこざに巻き込まれて負け組派閥となり、閑職に飛ばされるようなケースがあると聞きます。

まず、その場合でも最悪のケースではないということを自覚すべきです。職を失ったわけではなく、給与も支払われるのであれば、それだけでも恵まれていると言えるでしょう。すぐに辞めたくなる気持ちはわかりますが、それはいつでもできますので辞めた後の算段をつけてからにする方が良いでしょう。

そして、閑職ならば多忙ではないはずですので、これまでの生き方について振り返り、これまでできなかったことに手をつけてみてはいかがでしょうか。例えば業務に関連した（あるいは転職を視野に入れた）書籍を読む、家族との時間をつくる、スポーツジムやジョギングなど運動を始める、野菜づくりや山登りなど新しい趣味を始めることなどが考えられます。また、部下の育成やサポートに取り組むこともいいですね。

ただし、事前に避けられるのであれば、閑職に飛ばされることがないように、人間関係をうまく運用するのが筋です。周囲に閑職に異動した人物がいるのであれば、信頼できる上司や同僚に、何が起こったのか尋ねてみてください。他山の石とすれば、同様な仕打ちは受けずに済むのではないでしょうか。また、このようなことを防止するためにも、上司と友人になっておいたり幹部とも関係を構築すべきなのです。

第4章

部下を持つ立場になったとき

「これまで上司にさんざん苦労してきたから、部下にはよくしてあげたい」。そう思いながらも、「どうしてこんなこともできないんだ?」などと言ってしまった経験、ありませんか?

あなたの上司の数が少なくなるほどに多くなるのが部下であり、部下のマネジメント能力があなたのサバイバルに直結します。

本章では、ステージ別に部下の対処法を見ていきます。

ステージ1　部下を「1人」持ったとき

(1)「自分でやった方が早い」

新人が下についた時や、経験年数の少ない人が入ってきた場合によく感じるのは、自分がやった方が早いということだと思います。いちいち教えても、自分が求めるレベルのアウトプットが返ってこないのならば、自分が手を出した方が早い。そう思ってしまう気持ちは、よくわかります。

しかし、上司であるあなたが部下の仕事を奪うのは、得策ではありません。マネジメントの重要な役割は資源配分です。財源もそうですが、人的資源こそ重要で、限られた資源をどの業務に配分するのかがマネジメントなのです。資源を遊ばせてしまうのは勿体ないことです。部下が他の仕事で手が回らないなら別ですが、そうでないなら部下ができることは全てやってもらいましょう。最初は時間がかかるかもしれませんが、いずれあなたと同じくらいかそれ以上のスピードでできるようになるまで成長するのですから。それに、あなたも昇進や異動でいずれは職場を離れるのですから、あなたがいつまでもその仕事をやるわけにもいかないのです。

部下に任せた仕事の成果物の期限さえ守れていれば、時間がかかったとしても見守れば良いのです。ただし、わからないことは相談するように伝えることと、相談しやすい雰囲気をつくることも忘れずに。

(2)「部下の方が仕事ができるので役割がない」

これはあなたが新しい部署へ異動したときや、転職したときなどに起こりやすく、部下の方が経験豊富で仕事ができるので、上司であるはずの自分が出る幕がないという、先ほど逆のケースです。

私も入省3年目に他省庁に出向して初めて部下を持ったときに無力さと情けなさを痛感しました。部下は年齢が一つ下の優秀な職員で、その分野の業務に精通していたので私の助けは全く必要なく、また私が指導できるところも見当たりませんでした。また、その部下は私の前任者を強く尊敬していたために、後任の私が頼りなく思えたのでしょう、ことあるごとに「久保田さんはそんなことも知らないんですか」という態度で、小馬鹿にされているとさえ感じていました。

そこで私は、上司である課長補佐と相談する中で、新たな業務に目を向けてみることにしました。その課が抱えている業務の中で自分にできそうなことはないか、探してみることにしたのです。すると、私の部下も私の前任者も、あるいは課内の他の同僚もやっていない業務で、課長補佐が一人で担当している業務があることがわかりました。その業務はファイナンス関係の仕事で、カウンターパートもこれまでお付き合いのある関係法人や団体ではなく、他省庁への交渉が必要という難度が高い業務でした。

私は課長補佐に対し、その業務を自分が担当したいことを告げるとともに、「誰がやっても初めての業務だから自分が不利ということもないはずだ」、と自分に言い聞かせ、課長補佐とも綿密に相談しながら慎重に資料作成や交渉の準備を進めました。他省庁への交渉にも課長補佐に常に同行してその説明ぶりを勉強するうちに、課長補佐に代わって一人でもうまく説明ができるようになりました。課長補佐の負担が軽減されたことで課長からも褒められたとともに、件の部下はその様子を観察するうちに、「新任の上司（＝私）も少しは頼りになるようだ」と思ってくれたようで、徐々に信頼を獲得することにつながりました。

このように、前任者がやっていない新たな業務に目を向けてみることで、チームに貢献できる分野が見つかることがあります。とりわけ優秀な部下を抱えた場合は、あなたにしかできない業務を探してみることで事態を打開できる可能性があるのです。

(3) 上司の目線で仕事を眺めてみる

前記の事例のように、部下を持つようになったら、あなたは今の仕事を卒業して一段高い仕事をするステージに来た、ということだと思います。一段高いという意味が具体的にイメージできない場合は、あなたの上司を観察してみましょう。あなたの上司はどんな仕事をしていますか？

あなたが係長なら、課長補佐の目線で仕事を眺めた時に、あなたがやった方が良い仕事はないでしょうか。あなたに任せられた仕事のみならず、課長補佐の目線で業務全体を見渡してみて、誰が何を担当することが最も適切なのか、考えてみましょう。例えば課長補佐が一人で担当していて部下に分担できていないような仕事はないでしょうか。そうした仕事を率先して手伝ってみましょう。課長補佐はきっと喜んでくれるでしょう。これは決して上司のためではありません。チーム全体への貢献ですし、あなたが近い将来課長補佐の立場になる準備運動です。

先にも書きましたが、私は役所に入ってすぐに、2段階上の立場で考えて仕事をせよ、と教えられました。あなたが係長ならば、課長補佐のさらに上の課長の目線で考えて仕事をせよということです。そう言われても、その頃はピンと来ませんでしたが、今となれば納得できます。コピー取りにしてもアポ取りにしても、課長の目線から仕事に取り組んでみれば、単なるコピー取りやアポ取りに終わらずに前後の予定で追加の訪問先を入れることや幹部にもコピーを届けたりなど、仕事のやり方は異なってくるからです。

あなたもいずれ昇進すると思いますが、人事課は上司の目線で仕事ができている者、その準備ができている者を昇進させるのです。上司の目線で仕事をすることは、あなた自身のためなのです。

ステージ2　部下を「複数」持ったとき

部下を複数持ったときに初めて、部下の仕事の管理をするという問題に直面します。全て自分の目の届くところにあった部下1人のときと比べ、自分の目が届かない部分が増えてくるからです。

また、先に述べた「自分でやった方が早い」という問題は、部下を複数持ったときには自然消滅します。複数の部下の仕事を全部自分でやるということは、不可能だからです。

「先週頼んだあの案件、まだやってなかったの?」

こんな言葉を発してしまうのも、この頃だと思います。あなたからすれば、優先順位が高いから先週わざわざ指示しておいたのに、部下はそのように受け止めていなかった。あなたはここで思い至ります。部下の考えと、自分の考えがズレているのだと。

そうなのです。実は、上司と部下の考えが一致していることの方が珍しいと認識すべきなのです。だからこそ、普段からのコミュニケーションが重要になってくるわけですね。

いやいや、自分は大丈夫だ、部下とばっちり意思疎通できている、そう思われる方は、

「今一番の課題は何か」と部下に尋ねてみてください。

もしかしたら、あなたの予想しなかった答えが返ってくるかもしれませんよ。例えば、以下のように。

・この仕事をするのが初めてなので、自信が持てない
・その仕事を実行したいが、具体的なやり方がわからない
・上司（あなた）が忙しそうなので、相談できなかった
・外部のステークホルダーの◯◯さんとうまく話すことができない
・家庭でトラブルを抱えており、仕事に集中できない

上記は私の実体験ですが、そのような答えを聞いて驚いたものです。したがって、普段から話しかけやすい（相談しやすい）雰囲気をつくっておくこと、コミュニケーションを取ることが大事です。

部下に話しかける際には、警戒心を解きほぐす

部下は、想像以上に上司に気を使っているものです。あなたのちょっとした言動にビクビクしているかもしれません。それなのに、あなたが期待したとおりの報告がない場合についつい、

「なぜこうしないんだ?」

「どうしてできないんだ?」

「なんでこんな文章になるんだ?」

といったように質問してしまっていませんか？　これは質問ではなく「詰問」です。このようなやり方をしても理路整然かつ淡々と答えてくる部下は豪胆だと思いますが、ほとんどの部下は言い訳をするか、恐れをなして何も言えなくなります。詰問を避けて部下の警戒心を解きほぐすマナー（作法）は以下の通りです。


「ちょっと教えてください」「ちょっと教えてくれる？」と部下を呼ぶ
「この文章はこういう意図でつくった文章ということでいいのかな？」

「この企画はこういうことをしたいということだよね？」

「どのようにしたら、できるようになるだろう？」

「○○のようにしてみることは可能ですか？」


まず呼びかけ方も、部下の心拍数を上げないように呼びかけることが大事です。「おい！」「○○（名前）、ちょっと来い」などは部下からすれば「また叱られるのかな」などと心拍数が上がる要因になります。「○○さん、ちょっと教えて」だと部下は萎縮せずに「上司の役に立てるかな」と気軽に応じることができます。

部下からお礼の一言もない

部下に指導をした（時間と労力を割いて教えてあげた）のに一言もお礼がない、食事やお酒を奢ったにもかかわらず一言もお礼がない、こうした状況に腹を立てている人もいることでしょう。

古今東西、上司はこのようなことに直面してきました。大日本帝国海軍で連合艦隊司令長官を務めた山本五十六は「やってみせ　言って聞かせて　させてみて　誉めてやらねば人は動かじ」と言いました。人望厚く部下から慕われていた山本ですら部下が思う通りにならなかったと思えば、少しは気が楽になります。

お礼の一言もないことに対し、その場で「指導」したくなるかとは思いますが、その場では抑え、別の場で個別に穏やかに話をしていきましょう。また、あなたが部下の立場であれば、一言でいいのできっちりお礼を言ってあげてください。それだけで、上司はモヤモヤが晴れて気持ちが良くなるものなのです。

部下が直言してきたらどうするか

部下が上司であるあなたに正論を直言してきたらどうでしょうか。感情的に「そんなことを言うのは10年早い！」などと怒鳴りつけたい気持ちになる方もいるかもしれませんが、大人の余裕をまずは示したいものです。

具体的には、「さすがXXに詳しいA君だね」と持ち上げた上で、（正論を否定できない場合）「でもまあ今回は、これで我慢してくれよ。今後の展開の際に参考にさせてもらうよ」などのように余裕を持って軽くいなす。このように一目置く態度を見せれば、大体の場合、不満は残らないものです。

本当に採用した方が良い提案であれば、翌日少し時間を置いて「良く考えてみたんだけど、やっぱり君の言う通りにしよう」とするのが良いと思います。前章では、上司に直言する場合は批判に聞こえないように注意深く言葉を選んで意見具申する作法を紹介しましたが、あなたの部下がこうした作法を心得ずに直言してきた場合であっても、批判されたと過剰反応せずに悪意なき改善提案だと落ち着いて受け止めましょう。

部下の指導の失敗談

部下の指導というのは難しいものですが、やってはいけないことは、「部下より自分の方が人間的に上である」と勘違いすることです。長年働いているとついついそう思ってしまうのが人間だとは思いますが、いうまでもなくこれは思い上がりで間違いです。実際あなたが定年などで退職すれば、その瞬間にかつての部下は部下ではなくなりますし、在任中でも例えば趣味の場では部下の方が囲碁が強いなど、立場が逆転することもあるかと思います。

ですから、あくまで仕事上の役割分担だと割り切って考えることが大事です。それでも上下関係を必要以上に意識してしまう人は、上の役職は「広い視野で」仕事を進める役割、下の役職は「狭い領域の個別の業務を着実に行う」役割などと考えてはいかがでしょう。

このように強調するのは、かつて私は部下の指導がうまくできなかった経験があるからです。1つ年下の部下に対し、ある業務をしてもらおうと当然のように指示をしたのですが、なだめてもすかしてもその業務を拒否され、サボタージュされました。今思うと、上から目線で指示を出していたかもしれません。

とはいえ、その業務を部下に担当させることについては、私の上司である課長ともよく相談した上でのことですので、その判断は誤っていなかったと思います。問題があるとしたら私の指導力と人間力、そして部下の勤務態度です。この件については、課長からも同様の指示を出してもらいましたが好転せず、結局異動してもらうことになりました。後味の悪いこの事例によって指導というものを深く考えさせられましたが、他方ではどうしてもその職場にフィットしない職員については、上司や人事当局と相談した上で異動させることもオプションとして持っておくことは大事なことだと思います。

ステージ3　「年上の」部下を持ったとき

若造が偉そうに指示を出してくるのは耐えられない

定年退職年齢の上昇や再雇用の増加などに伴い、40代の管理職が50代や60代など、年上の部下を持つことが増えています。年下の部下であれば、なんとか指導できる人も、年上ではどう扱ったら良いかわからないとの声を聞きます。

私の場合、被災地の陸前高田市に副市長という幹部として出向した際に、年上の部下を多数持つということを経験しました。これは大変プレッシャーのかかる経験でした。

まず、35歳の若造が現地事情もわからない「よそ者」として着任しますので、市役所職員、中でも直接の部下となる50代後半の部長クラスの職員からの抵抗が予想されました。陸前高田市は正職員が３００人、10人程度の部長を含む課長以上の幹部が20人ほどの組織体制です。年功序列の昇進システムですので部長クラスは全員50代後半（全て男性）でした。国から出向した場合は、若くして幹部職に登用されるのが通例とはいえ、当時の私では正直に言うと経験不足だったと思いますし、市役所の人事システムでは係長にも到達していない年齢です。

さらに市役所内の人的被害も凄まじく、職員は非常勤職員を含めると１００名以上が亡くなっている中で、復興業務はどこから手をつけたら良いかわからないほど膨大な作業量が予想されていました。

ただでさえ人手不足なのに、副市長が無能であったならば即座に東京に送り返されるだろうと私は考えました。たとえ任命権者の市長であっても、部長や課長などの職員から「あの副市長は話が通じないから代えてくれ」と言われれば、拒否するのは難しいからです。実際、市役所の幹部ポストに出向する国や県からの職員の中には、短期間で送り返される人もいますし、逆に評価が高ければ慰留されて派遣期間を延長される人もいます。また、3・11の「あの日」を経験していない若造が偉そうに指示を出してくるのも、職員としては耐えられないだろう、とも考えました。したがって、最も近くで仕事をすることになるであろう部課長級の職員たちから嫌われないようにすること、かつ信頼を獲得することが何より求められていたのです。

年上の部下の信頼を獲得するには

では、具体的にどう接したら良いか。悩んだ結果、直接の部下である部長クラスとは可能な限り1対1のヒアリングを行うことにしました。その際には、各部の所管業務の内容や課題について説明を受けた際に、仮に「もっとこうした方が良いのでは……」と思っても、頭ごなしに命令・指示を出すことは一切せずに、まずは「この件について教えてください」と知らないことを教えてもらうスタンスで、できない上司・無害な上司を演じて警戒心を解きました。他方では、なめられないようにあなたの強みをさりげなく示し、一目おかれるようにすることも大事です。例えば私の場合は、国の各省庁から仕入れた情報を紹介したりしました。本社から子会社に出向したような場合には、やはり本社の幹部との人脈などパイプを嫌らしくない程度に示すことが有効だと思います。

このように、特に最初が肝心です。最初に悪い印象を与えると、こちらが立場は上とはいえ、指示に協力しないなどのサボタージュをされたり、陰口を叩かれたりなどと厄介なことになるからです。20名の部長・課長クラスは知識も経験年数も断然自分より上でしたので、敬意を払うことを心がけました。当たり前のことですが、とても大事です。

このようにして時間をかけて信頼関係を築いてから、じょじょに「申し訳ありませんが……」「悪いんですが……」などのようにお願い口調で依頼・指示を出すようにしました。おかげで良好な人間関係を築くことができ、在任中は仲間として一緒に仕事をすることができましたし、退任後の今でも個人的に連絡を頂いたりするほどです。

ステージ4　課長／マネジャーになったとき

課長になったら、組織にもよりますが部下は10人前後、あるいはそれ以上はいることでしょう。課長の最も大切な仕事は、実務責任者として課の方針に関する意思決定とリソース（財源、人員）の割り振り、外部への対応です。とりわけ、組織の外の関係者（ステークホルダー）に対する根回しと調整が重要な役割であると思います。できる課長は、先手先手でそうした関係者へ早期にかつ効果的に根回しを行うことによって、将来起こりうるトラブルの芽を摘み取ります。

先手必勝の根回しを黙って行う課長の姿

私が支えた課長の中にも、先手で根回しに取り組む人がいました。日中にふらっといなくなったかと思えば、主だった国会議員の事務所にさっと回って、世間話も交えた根回しを行っていたのです。当時私はその課が抱える最大のプロジェクトについて、各省協議や幹部への報告のために多忙を極めており、国会議員への根回しはそれらが終わってからその準備に速やかに着手しようと考えていました。ですから、外から戻った課長から、「議連の○○会長（議員）と○○副会長には報告したといたよ」と聞いたときには驚きましたし、私の知らないところでそうした調整を済まされたと聞いて「さすがだ」と尊敬の念を抱きました。

それ以外の多数の議員への根回しはローラー作戦よろしく、漏れがないように後日1件ずつ回ることになったのですが、とりわけ発言力が大きい議連の会長にまず一報を入れていただいたおかげで、その後の根回しもとてもスムーズにいったのです。

最近の若者の特性を理解する

入社3年で3割が辞める、入社1年で15%が辞めるなど、若者の早期辞職はもはや珍しくもありません。あなたの周辺でも聞いたことがあるのではないでしょうか。もちろん転職自体を否定するものではないのですが、会社の魅力ややりがいを十分に部下に伝えきれないまま辞めていかれるのを黙って見るのは辛いものです。特に最近は、直属の上司や課長に相談もないままある日突然辞職願が届くというケースが多いと聞きます。

私にも残念ながら部下の若者が辞めてしまった経験もあります。そこで、前職の大学教員時代に学生と付き合う中で感じた彼らの特徴をお伝えしたいと思います。

（1）電話やメールにストレスを感じる可能性

彼らは中学生や高校生の時代からスマホを持っていた世代ですから、ＬＩＮＥなどでコミュニケーションすることが多く、電話やメールに慣れていません。特に知らない相手と電話すること、堅苦しい文章を必要とするメールの送付などが苦手です。

ここで押さえておきたいことは、今の若者は固定電話をほとんど使った経験がないということです（高校生の頃に異性の同級生宅にドキドキしながら電話をかけ、親御さんと緊張しながら会話した経験などもないのです！　ＬＩＮＥで直接連絡すれば済むことですからね）。

メールのように形式的な文章を必要とする（少なくとも若者はそう思っている）ツールに慣れていないのです。

・人生の中で「電話」経験が非常に少ないこと

・メールよりLINE等を使っている世代である

以上のことから、20代の若者は仕事で電話やメールを使うことを30代以上の人が想像するよりもストレスに感じている可能性があることを覚えておきましょう。逆に、LINEの使い方に近い「Teams」「Chatwork」「Slack」などのビジネスチャットツールは上手に使いこなせる可能性が高いです。

（2）異なる世代と交わる経験に乏しい

コミュニケーションの多くが同世代とのSNSによることから派生するもう一つの問題として、異なる世代との交流に慣れていないことが挙げられます。学生時代にバイトなどをしていれば同世代以外との接点がいくらかはあるかと思いますが、特に年上世代との距離感の取り方に戸惑うことが多いようです。積極的に話しかけない、疑問があっても質問しない、不満があっても伝えないといった例が目立ちます。職場の人間関係がドライになってきたことに加えてコロナ禍の影響もあって以前のような飲みニケーションが減っていることから、コミュニケーションが不足しがちな点にも配慮する必要があるでしょう。

（3）堅実で安定志向だが社会貢献意欲が高い

若者はもっと大きな夢を持つべきとかもっと冒険をなどと上の世代は考えがちなのですが、新卒就職ランキングの上位に有名な大企業がズラリと並ぶことにも現れているように、いまどきの若者はもっと堅実で安定志向です。希望する具体的な業務についても、前例のない大きな責任を伴うチャレンジングな業務は敬遠する傾向にあります。とはいえ、大学生を引率して東北の被災地ボランティアに連れて行った経験からも、いまの若者の社会貢献意欲は高いので、担当させる業務の社会的意義やどんな役に立つのかといった点を丁寧に伝える必要があるでしょう。

これらを踏まえ、若者には「きめ細かく」指導する必要があるでしょう。具体的には、「電話ぐらいできるだろう」などと安易に考えずに、電話する際の注意点などを事前に教えることや、単に業務の指示を出すのではなく、その業務の意味・理由（A）やその業務の結果がキャリア形成にどのような意味があるのか（仕事の意味づけ）（B）についても話すと良いでしょう。具体例は下記の通りです。

×「この資料作成をお願いします」

○「この資料作成をお願いします。この仕事は、取引先との交渉に使うかもしれない重要な仕事です（A）。さらに、ここで資料作成ができるようになれば、次に君が○○といった部署に異動して顧客を直接担当する際の大きな武器になるからね（B）」

ステージ5　経営層／マネジメントポジションに就いたとき

このレベルまで行くのは時間がかかるかもしれませんが、子会社・関連会社への出向・転籍などを通じて、想像より早く、そして唐突にこのような立場になることも近年の社会環境の変化を反映した特徴です。また、仮にそうでなくとも、部長・局長・本部長あるいは役員など経営幹部の考え方を知っておくのは悪いことではないでしょう。では、この段階で気をつけるべきことはなんでしょうか？

経営層としてまずすべきこと

経営層になると、常日頃から組織外のステークホルダーと会う機会が多くあります。私のような小さな市の市長であっても、市議会や国の官庁や都道府県庁、テレビ・新聞などのメディア、市内外の民間企業（社長、工場長など）や業界団体、NPOなど非営利団体、市内各地域の各種団体（自治会や女性会など）のトップと日常的に意見交換しているくらいですから、大企業や大きな組織の場合はグローバルな取引先など海外を含めもっと多様なステークホルダーとのお付き合いがあるかと思います。

意見交換において期待されているのは組織の代表としての役割ですから、「その件は部下に聞かないとわかりません」とならないように、社内の状況については、必ずしも詳細でなくても構いませんが全部署の状況についてざっくりと把握しておく必要があります。

ですから、経営層としてすべきことは、幅広い知識や人脈も当然ではありますが、社内状況把握のための部下からのヒアリングです。これは前記の通り社内の課題を把握するためですが、部下のキャラクターやクセの把握にも役立ちます。

陸前高田市で勤務した際に、ヒアリングにより課題を把握したことは、のちに復興庁をはじめとした各省庁に個別の要望事項を提出したり、海外を含めた非営利組織や民間企業などからの「被災地に役立つプロジェクトを実施したいのですが」といった提案を検討したりするにあたって大いに役立ちました。

経営層は余計な仕事をしてはならない

経営層はただでさえ日程が立て込んでいる上に、全体を見渡すポジションですから、余計な仕事をすべきではありません。「余計」というのは、部下が担当している業務が適切に回っているにもかかわらず、それについて口出しをしたり、趣味で指示を重ねたりすることです。

その代わりにすべきことは業務をやる・やらない・軌道修正の判断と、資源の適切な配分です。たとえ部下に嫌われても、必要なことは「やる」判断をしなければなりませんし、涙を呑んで「やめる」判断をすることもあります。この際に部下との信頼関係をしっかり築けていれば、無用な反発やサボタージュを避けることができますので、新しいこと・改革をしたい人ほど、部下としっかりコミュニケーションをとる必要があるでしょう。

陸前高田市で仕事をした際には復興業務で職員が業務過多になっていたので、新しい業務を職員に指示するときには、とりわけ慎重にその業務が本当に必要かどうか、検討を行いました。しかし、県外ボランティアのための簡易宿泊施設の建設事業（廃校を活用した）、奇跡の一本松の保存事業、自転車イベント「ツール・ド・三陸」などについては、住宅再建などのように直接的に復興に役立つ業務ではないものの間接的に復興にも役立つ業務であると考え、市長にも判断を仰ぎながら新たに実施を決めました。

これらの新たな業務をどの部署に担当させ、予算をどこから調達すべきかについても経営層が決定すべき事柄ですが、担当部署や担当者を決めれば終わり、という訳ではなく、見守る必要があります。

被災地の市長に学んだユーモアのセンス

上に立つ者はユーモアのセンスが必要だ。これは陸前高田市で私が仕えた戸羽太市長に教えていただいたことです。戸羽市長は津波で奥様を亡くされました。その中で復興の最前線の指揮を執っている人物です。どれだけ厳しい表情で日々仕事をしているのかと周囲は思うかもしれません。しかし、私が間近で見た戸羽市長は気さくで冗談ばかり言う人でした。私が深刻な顔で相談に行くと、「そんな暗い顔するなよ」などと明るく励ましてくれました。とりわけ、周囲の人物に関するエピソードを冗談を交えて語る姿が今でも強く印象に残っています。よく、市長室で二人で大笑いしていたものです。今思うと、それだけ周囲の人物を観察していることと記憶していることもすごいなと素直に驚きます。

ユーモアは人の心を和ませます。上に立つ者は、とりわけユーモアのセンスを身につけるべきと思います。なぜなら、部下は役員や幹部に報告する機会ともなればガチガチに緊張していることも少なくないからです。部下が相談に来た時、また会議のとき、ちょっと和ませる話やユーモアは必要です。講演やスピーチの際にもちょっと笑いを誘うような話をできるだけ入れるようにしていますが、うまくいかずにスベったりしているので私も日々修行中です。

乾杯、中締め、スピーチで失敗しない方法

上の立場になると急増することが、スピーチと乾杯です。これは本当に私も最初は苦手で苦労しました。あるときなどは、急に乾杯の音頭を振られたこともあって、気の利いた一言を言えないばかりか慌てた声で発声してしまい場が白けて困りました。こうした失敗を繰り返した中で発見したコツは、以下の通りです。

まず、乾杯や中締めの挨拶などは、テンポと抑揚が何より大事です。とにかく必要なことは、「○○を祈念して」などの枕詞と「ご唱和願います、乾杯!!」と言う時に「ご唱和願います」と事前にこれから乾杯することを伝えた上でワンテンポおいて大きく発声することです。長々とその前に話をするよりは短めの話が好まれます。中締めの挨拶なども同じで、一言述べたらすぐに「では、中締めということですのでご起立いただいて○本締めで締めくくりたいと思います!」と大声で叫ぶことです。簡素に行くなら一本締め、景気良く行くなら三本締めです。この時も必ず「お手を拝借いたします、ヨーーオ」と、子ど

もにもわかるくらいの大げさな前振りをすることです。そうしないと酔っ払いには伝わりません。コロナ禍の影響で乾杯の機会は激減していますが、いざそのときになっても慌てずにこなしたいものです。

スピーチとなると、少し頭を使わないといけません。オススメするのはサンドイッチ式挨拶で、冒頭にお礼の言葉を、そして最後にお礼と祈念の言葉で締めます。そして冒頭と最後の間の中身に知恵を絞って具材を入れます。具材はポジティブな内容、例えば高評価を得ていることや褒められた話などの前向きな内容が良いでしょう。ユーモアを入れるならここです。

講演などに呼ばれた際にも、最初に場を和ませられるとベストです。私がおばあちゃんたちの集まりに呼ばれた際によく使う手は、「今日は美人さんばかりですのでとても緊張しています」とまず冒頭に言います。少し笑いが起こると「でも、私は少し目が悪いです」などと付け加えます。なお、若い女性が参加している場でこの話をすると微妙な雰囲気になるので注意してください。

こうした挨拶や講演は、場数を踏むことで上手になります。以前、2000回も講演をしている人の話を聞きました。冒頭から終わりまで笑いの絶えない話でさすがと思いました。しかも中身も濃くて、聞いていた私はメモを取るのに必死でした。私もまだまだ修行中の身ではありますが、若いうちから人前に立つ機会を大事にしたり、趣味の会や勉強会の司会を買って出るなどの経験をしておくと、準備運動になりますのでおすすめです。

部下の名前を言えますか？

上司の名前を覚えられない人はいないでしょうが、部下となるとどうでしょう。部下に関心を持つ最も基礎的なことが、部下の名前を覚えるということではないでしょうか。

復興大臣政務官（大臣、副大臣に次ぐポジション）を務めた小泉進次郎氏は何度も被災地に足を運ばれました。私が陸前高田市の副市長を退任する日が迫っていた2015年7月にお越しになったときには、なんと「久保田副市長は間もなく退任と聞いています。本当にお疲れ様でした」とわざわざ声をかけてくれました。たとえ秘書などから車内で伝えられていたのだとしても、こちらとしてはそれだけで嬉しくなります。おそらく進次郎さんは次に会う人のことを事前に事細かに情報収集しているはずです。「人たらし」の異名をとるほどの官僚操縦術で政官界を支配した田中角栄元首相もよく官僚に対し、「君の息子さんは来年高校入学だったな」などと名前のみならず家族構成まで頭に入れるほどの人心掌握術で部下の心をがっちりつかんでいたそうです。

ひるがえって私自身は、名前を覚えるのがそれほど得意ではありません。陸前高田市の部下となった職員約300名については、1年ほどかけてようやく9割ほどの名前を覚えることができました。日常的にやりとりする部長、課長級はすぐに覚えられましたが、係長以下は直接仕事をする機会が限られます。直接話をする少ない機会をとらえ、その都度名簿を参照するなどして覚えましたが、まだまだ努力が必要だったと反省しています。

部下には笑顔で接しよう

部下の話を聞くときに、仏頂面で苦虫を噛みつぶしたような顔で聞く人は、いませんか？　そのような人は、たとえ発する言葉は丁寧だとしても、部下にプレッシャーを与えているのです。部下にしてみたら、上司が笑顔で話を聞いてくれるだけで、安心するものです。

このように書きながら、市長として日に多い時は10回以上も様々な部署からの報告を受ける私は、部下のミスに起因する業務報告などはどうしても、眉間にしわを寄せて聞いてしまいます。部下としては、上司に報告にくる時点で、叱責される相当な覚悟を持ってきています。「なんでそんなことが起こったんだ！」と言いたくなる気持ちはぐっと抑えて、「報告ありがとう。対応策はどうしますか」とできれば微笑しながら、穏やかに言いたいものですね。

また、飲み会で上司からありがたいご高説を伺いながら、「この話、いつまで続くんだろう。もう相槌打つのも疲れたよ。早く帰りたいな」と思った方はいませんか？　私は、そのように思ったことが何度もあります。

部下と飲みに行くときには、その逆のことをしましょう。つまり、自分の話をするより、部下の話を聞くのです。部下のことに関心を持ち、質問をしましょう。「○○くんは社内では誰と同期なの」「郷里はどこでしたか」「休みの日には何してるの」などの当たり障りのない話題から膨らませていきましょう。

なお結婚や子どもの話題は、それを話題にしたくない人もいますので、十分に気を使うことです。もちろん、部下の方からそうした話をしてきた場合には構いません。

このようにすることで、部下から「上司に話を聞いてもらえた、興味を持ってもらえた」と嬉しく思ってもらえるものですし、そうでなくとも上司として部下の考え方や好みを把握する上でも十分に意義のあることです。

第5章

敵をつくらないための4か条

敵をつくるとどんな不幸が待ち受けるのか

敵をつくった結果、足を引っ張られる事例は枚挙に暇がありません。私の知っているある局長は、歯に衣着せぬ性格でズバズバ発言し、実力も男気もある方でファンも多かったのですが、副社長級の上司とは折り合いが悪く、会話すら成り立たないほどでした。その副社長級の上司は偉そうな態度でいかにも鼻につき、多くの部下からは敬遠されていました。とはいえ、その上司はさすがに権限を持っていますから、自らの定年退官間際、腹いせのように、その局長を閑職に追いやってから退職したのです。

その上司がいなければ、彼は局長で終わらずその上の審議官や官房長、事務次官までも出世する可能性があったでしょう。私はその局長のファンだっただけに、残念でなりませんでした。

部下に味方がいくらいても、たった一人の上司に嫌われるだけでこのようなことになりえるのは、本当に怖いことだと思います。だからこそ、たとえ考え方の合わない上司であっても、冷戦にならないように関係を構築する必要があるのです。

嫉妬が一番厄介

上司は部下に活躍してもらいたいと思っていますが、一方では部下の活躍を疎ましく思うものです。例えば、ある課長の部下であるやり手の部下が、部長などから直接褒められるようなことがあると、その課長は地位を脅かされるような気がして、心中穏やかではないでしょう。これは私の実体験ですが、課長補佐だった私は、当時仲が良かった部長との協議の場において、遠慮なく発言して実際に部長から褒められたりしていましたが、その横には苦虫を噛み潰したような顔の課長がいました。ですからこのような場では、課長をうまく引き立てながら発言する必要があるでしょう。

このように、上司に嫉妬されないように注意して手柄を持たせたり、自分一人で判断できるような場面であっても、あえて上司の判断を求めて上司の指示でその仕事を達成したという形をつくったりするべきです。何も指導してくれないからと馬鹿にせずに報告を怠らず、文書のミスを直されるなどのささいな指導に対しても、大げさに感謝することです。そのような上司であっても、敵に回すと厄介。上司なのだからあなたを異動させるくらいはなんでもないことは肝に銘じましょう。

その逆に、部下のやる気を引き出すためには、「係長の○○君のおかげでうまくいったんですよ、部長」などと褒めるようにすると、部下も一層やる気を出すことでしょう。

嫉妬という意味でもう一つ気をつけるべきことは、同じ職場でも異なる職種、例えばあなたが総合職だとしたら、一般職や非正規職員に対する態度には特に気をつけた方が良いでしょう。当然彼らは道具でも駒でもありません。同じ職場で働く対等な仲間という意識を忘れずに接してください。なぜなら彼らが上司になる可能性はたとえなくとも、裏で悪い噂を流されたり仕事のサボタージュをされたりすれば、あなたのマネジメント能力に疑問符がつくからです。

さらに気をつけたいのが同期である同僚社員の嫉妬です。あまり人を悪く見てはいけませんが、同期の能力に嫉妬して、その人の悪評を流すことによって人事異動で自分が先に昇進するよう画策するような同僚もいます。注意するに越したことはありません。

同期入社の仲間は気心の知れた間柄であることが多いのですが、年数が経過すると出世争いや希望するポストの奪い合いになる側面もあります。ですから、同期に対しても自分の功績を誇ったりせずに苦労していることを伝えるにとどめるのが良いでしょう。また、

「誰それがあなたの悪口を言っていたよ」というのは伝わるものなので、同期や同僚の悪口は（これは上司の悪口も同様ですが）慎むべきでしょう。

カーネギーの名著『人を動かす』に書かれていること

では、敵をつくらないためには、どうすれば良いでしょうか。私が若い頃に読んだデール・カーネギーの名著『人を動かす』（『創元社』）に収録されている「人を動かす3原則」の一番目は、「批判も非難も苦情も言わない」ことでした。

人を動かす3原則　デール・カーネギー

1. 批判も非難もしない。苦情も言わない。
2. 率直で、誠実な評価を与える。
3. 強い欲求を起こさせる。

この本の中で最も強く印象に残ったのは凶悪殺人犯のくだりです。凶悪殺人犯が死刑となり電気椅子に座らされたときに語ったのが「自分の身を守っただけでこんな目に合わされるんだ」という言葉だったそうです。この事例からカーネギーは、殺人犯ですら自らを正当化し、自分の中では正しいことをしたと思っているのだから、普通の人が他人の目から見て誤っていることをしたとしても本人は正しいことをしたと考えているのだと発見します。だからこそ**批判も非難もしない。苦情も言わないことが肝要だ**と結論づけるのです。

殺人犯や盗人を事例に出しながらカーネギーが主張するのは、徹頭徹尾その人の立場に立ち、寄り添うことでしか人は動かせないということです。私たちは自分が正しいと思うことを主張し、相手にもそれを受け入れてもらおうとするわけですが、うまくいくことばかりではありません。相手が自分の考え方を変えるのは人から言われた時ではなく、自分から気づいて変わろうと思った時だけに限られるからです。

恥ずかしながら私は学生時代、サークル活動などで議論になると、平気で相手の意見を批判し、こき下ろしていました。胸のすくような論破が好きだったのです。しかし、私が代表を務めるサークルでうまく人がついてこなかったり、陰口を叩かれたりしていました。社会人になった私はこの本を読んで実践することにしました。たとえ部下であっても怒鳴りたい気持ちをぐっと抑えて我慢したり、批判せずに相手に改善を促したりするなど活用してきました。おかげで仕事がスムーズに進むことを実感していたのです。ところがある日、わかっていたはずの「批判しない」ことを、こともあろうにボス中のボスである大臣に対してしてしまったのです。以下では、私の失敗談から教訓を述べたいと思います。

その1　批判をしないこと

国の復興庁設立を冷ややかに見ている官僚がいた——。2011年12月に放送されたフジテレビの報道番組の密着取材で、そんなちょっと斜に構えている、私の姿がテレビに映りました。そのテレビ取材を受けた時期、閣議決定で復興庁の設置が決まったものの、その岩手の支局が、被災地の現場からほど遠い「盛岡市」に置かれることが発表されたのです。

これに対し、「被災地の自治体が、支局を通して復興庁とやり取りすることは、（復興の）スピードに欠ける」「住民にとって、復興庁は遠い存在である」という趣旨のコメントをし、国の復興対策の遅さや柔軟性のなさを公然と批判してしまったのです。

私としては、まもなく設置される復興庁に対し、期待できる部分と改善を望む部分の両方について、（公平に）コメントしたつもりでした。ところが、テレビ編集の仕組みをよく知らない私が悪かったのでしょう、「復興庁に対する批判だけ」が編集過程で切り取られ、放映されてしまったのです。このテレビ放映後、復興庁の職員から、「大臣がその番組のことを気にしている。久保田副市長の発言はどういった趣旨なのか？」と忠告めいた電話がありました。

また、その大臣は、私が市長の代理で出席した会議で「もっと簡潔に発言しなさい」などと、あからさまに私の発言だけを制するような行動を取られました。これを見て私は「大臣に嫌われた」と感じました。

振り返ってみれば、テレビ慣れしていないことも相まって、その意気込みが空回りしてしまいました。テレビで批判するより先に、制度設計の段階で意見を述べたり、他のやり方で制度改善を要望すべきだったと反省しています。他方では、地元住民の中には、親元である「国」にも歯に衣着せぬ発言をしてくれたとのことで、逆に評価してくれる人もいました。しかしながら、批判された当事者は決して良く思うことはないでしょうし、大臣のような権力者を敵に回すなどもっての外です。市への補助金の額を減らされるなど、なんらかの報復措置が行われる可能性もありました。批判をしなければならない場面でもそのやり方には細心の注意を払うことが大切です。

その2　自分が批判されてもなお、批判しないこと、耐えること

自分から批判することは抑制できる人でも、自分が批判された際に批判のお返しをしないことは難しいものです。ですが、批判に批判でお返しをすると、批判合戦に発展して収拾がつかなくなることがあります。もちろん、こちらの立場を正当に主張するため、相手の意見を批判しなければならない場面もありますが、そのような場合を除き、できる限り批判合戦は避けたいものです。

第2章で述べた古川副長官が仕えた小渕恵三元首相も敵をつくらない政治家として知られています。あるとき小渕首相に対する辛辣な批判記事が掲載されたとき、それに対して小渕首相は新聞社に電話をかけると、「良い記事を書いてくれてありがとう」と告げた後、傍の古川副長官を振り返り、「あの記者はもう批判記事を書かない」と言ったそうです。人柄の小渕と言われた元首相の凄みを感じるエピソードです。ここでは批判に対して批判で返さず、逆に褒めることで相手を沈静化させたことに注目すべきです。

批判された際にカッとなって反応することは、誰にでも経験があることでしょう。その際に最もやってはいけないことは、瞬発的に相手を怒鳴ったり、批判したりすることです。状況を悪化させたり炎上させたりする要因になります。このような時は、冷却期間を置くことが大切なように思います。一定の期間を置いてクールダウンするのです。

カッとなったら「1、2、3、4、5」と5秒間数える。そして声のトーンを抑えて対応する。あるいは、メールなどであればすぐに送信せず、一晩おいて翌日になってから送信する。すぐにメールを書いても良いのです。逆に「書くこと」自体、自分の気持ちを発散し、沈静化することに役立ちます。ただしそれをすぐに送信するのはやめましょう。一晩おいてみて、次の日の朝に再度考えてみてください。その頃にはあなたの気持ちも幾分と和らいでいるはずですし、私の経験では「やっぱり送信するのはやめておこう」ということも多いはずです。

また、いわれのない批判や悪口に直面することもあるかと思いますが、とにかく相手にしないことです。私も市長や副市長になってからはお会いしたこともない、どこに住んでいるかもわからない(市民かどうかも不明な)方から、担当している業務と関係のない批判をツイッター上で受けることがあります。最初の頃は、担当外であることを伝えつつ丁寧に返信していましたが、返信するとより多くの質問や批判が返ってくることがわかりました。相手にとってみれば担当外かどうか（従って公式回答であるかどうか）などどうでもよく、一定の肩書きのある人間が返事をするだけで意味があることなのでしょう。それ以降、そのような書き込みには反応せずにスルーするようにしました。

その3　相手の話をよく聞くこと

敵をつくらない方法の第三は、人の話をよく聞くことです。これはカーネギーの教えにも沿った行動です。35歳でよそ者ながら津波で壊滅した岩手県陸前高田市の副市長に就任した時に私が意識したことは、同僚職員と地元住民から十分に話を聞くことでした。

私は震災直後の被災地をこの目で見たとき、あまりの惨状に、「どこから手をつけたら良いか皆目見当がつかない」状態でした。このため、まずは地元住民から、その被災状況や望んでいる支援（市役所が優先すべき課題）を教えてもらうことにしました。とはいえ、肉親を亡くされている方が多いので、「お子さんはいらっしゃいますか？」などと安易に聞くと「実は…」などと質問したことを後悔することになります。したがって、周囲の方からご家族の被災状況などは予め情報収集した上でその点には触れずに話しかけるなど、細心の注意を払いました。そのように地元住民との付き合いを続けた結果、家に呼ばれて相談されたりすることが増えていきました。このような被災住民の実情を把握せずに「机上の空論」で施策を実施したりしていたら、「よそ者の副市長は何もわかっていない」などと反発やバッシングを招くことも十分にあり得たと思います。その意味では地元住民を敵に回さず仲間と思ってもらうためにも、話を聞くことは想像以上に有効なやり方でした。

また、地元住民の希望や要望を聞いているだけでもいけません。役所には役所の論理があり、制度や予算の制約などから、(例えば希望する土地に自宅を再建したいことや、津波で被災した土地を買い取って欲しいことなど) 本当に住民が望んでいることができないことは珍しくありません。こうした役所の論理や事情、課題についても細かく把握するため、同僚である市職員から話を聞きました。特に、普段から付き合う相手である部長及び課長クラスの約20名から丁寧に話を聞くことを心がけました。第4章 (年上の部下を持ったとき) でも述べましたが、このことにより、よそ者の副市長かもしれないがよく事情を理解してくれる人だと警戒感を薄めてくれた効果もあったと思います。

まとめると、相手の話を意識的によく聞くことは、想像以上に信頼を獲得し、敵を減らす効果があります。自分の主張を伝えるよりまずは相手の話に耳を傾けることがサバイバル上も大切なのです。

その4　敵にも挨拶すること

口うるさい人や気難しい人、批判的な態度の人など、苦手な人は誰にもいるものだと思います。そうした人とできる限り会うのは避けたいのが本音だと思いますが、それだと「あいつは会っても挨拶すらしない」などと陰で余計に攻撃が激しくなる場合があります。そこで、苦手な人にもこちらから挨拶に伺うことをオススメします。先回りして気勢を削ぐのです。

具体的には、会議や会合などで顔を合わせたら、「○○の久保田です。いつもお世話になっております」。たったこれだけで良いので、にっこり笑って挨拶するようにしてください。相手からは大した反応はないかもしれませんが、悪い印象は残らないはずです。敵であることは変わらないかもしれませんが、相手からの攻撃は随分とマイルドになることでしょう。

また、相手から叱られたり批判されたりした直後にもこちらから先制してください。相手がたとえ上司であっても「叱りすぎたかな」「カッとなって悪かったな」などと思っているものです。そんな相手にも「先日は大変失礼しました。以後気をつけます」と簡単に挨拶し、以降も変わらぬ距離で接してください。私もあるとき目上の相手の逆鱗に触れる一言をうっかり言ってしまう失敗をしてしまい、本来得られるはずだった協力が得られなくなりそうな事態になりました。しかし、すぐに謝罪し、かつ変わらぬ態度で（できるだけ何事もなかったかのような態度で）接したところ、これまで通りの関係を維持することができました。誰にとっても難しいことだとは思いますが、このような態度をとるコツは、「先手必勝」を心に刻むことです。このように自分にルール付けをすることで、自然に言葉が出るようになります。もっとも、そのような相手（ちょっとした一言で激怒するような相手）とは必要以上に近づきすぎないこともまた、保身上は大事なことです。

付け加えると、部下や若手社員にも挨拶は実践すると良いと思います。と言うのは、社長や上司に対しては丁寧に挨拶する人でも、部下や若手社員とすれ違った際には何も言わないか、中にはその場に存在していないかのように無視している人も時々見かけるからです。このような姿は当然、周囲から見られていますので反感を持たれることもあるでしょう。逆に、こうした部下や若手社員にも気さくに挨拶する社長や幹部は好感を持たれるのです。

なぜか敵対視してくる人のトリセツ

組織内で、なぜか敵対視してくる人がいることがあります。事例をお話しします。

一人は他省庁のカウンターパートの課長補佐、もう一人は大臣室のスタッフでした。どちらも、私が特に失礼を働いたわけでもないのに、話も聞いてくれない門前払いでした。当初は自分が嫌われているか、何か粗相をしたのではないかと悩みましたが、後で聞くと、私だけが同じ仕打ちを受けたわけではないようなので、一安心したことを思い出します。

両名に共通することは、「プライドが高すぎるため、下位の役職の者からの説明を受け付けないこと」でした。課長補佐以上からでないと話を聞かない、あるいは大臣室スタッフは課長以上からでないと話を聞かない、それが彼らのルールでした。学歴が高い人の一部にそういったプライドの高い方を見かけることがありますが、いずれにせよ彼らが求める以下の役職であった私にはどうすることもできなかったため、上司である課長に相談し、課長から話をしてもらうようにしました。

本章で述べたように、基本的には敵をつくらないように周囲と人間関係を構築すべきです。しかしながら、それでも敵対視してくる人に対しては、過剰反応せず、その人を変えようと思わないことが大切です。そして、距離をとって上司や他のメンバーとともに対応を考えることが大事です。

なお、下位の者からの話でもしっかり聞いてくれる役職者はたくさんいますし、実体験を踏まえればそこから得られることも多いと思います。幹部ともなれば、仕事上話をする相手はほとんどが部長や課長などの管理職となりますが、それだけだと逆に情報源に偏りが出てきます。若い職員とも積極的にコミュニケーションを取って情報を入手しつつ、仮にそうした職員に至らないところがあれば、それをやんわりと諭すこともまた、上位の者の務めだと思います。

出会いを無駄にするな

本章の最後に、被災地で仕事をした経験から感じたことをお伝えします。それは、人の

敵対視してくる人への対処法

① 過剰反応しない

② その人を変えようと思わないこと

③ 距離を取れば良い

④ 最小限の関わりでやり過ごす

一生ははかなく、何が起こるかわからないということです。いつでも会えると思っていても、「行ってきます」と朝に声をかけたのが最後、家族と二度と会えなくなったという人や、「お世話になったのに、お礼の言葉を伝えることができなくなった。あの時伝えておけば……」という人の声をたくさん聞きました。

だからこそ、一期一会の出会いを大切にしたいものです。1年に一度か二度しか会えない方がいますが、私も「ああ、あのとき御礼を言っておけばよかった」と思うことが少なくありません。LINEやメール、電話もありますが、やはり大事な用件ほど直接会って伝えたいものですよね。

実際、会う回数は少なくても、密度の濃いやりとりをしたり大事なことをきちんと伝えていると、何かと助けになってくれることが多いものです。打算で行うというのはいやらしいですが、常にその場での出会いが一期一会だと思って接することが大事です。なお私は立食パーティに出ても、食事には一切手をつけないことが珍しくありません。その場での様々な方との会話を大切にするためです。

こうした出会いの場を大切にするためには、会議や行事で誰が来ることになっているのかを事前にチェックし、「この人に会ったらこの件でお礼を言おう」「この分野で紹介いただける人がいないか相談してみよう」などと考えておくことです。事前に考えておくことによって当たり障りのない話に終わらせずに、貴重な出会いを最大限に活用できます。

第6章

大きな壁にぶち当たったとき

組織の中ではなんとかやってこられるようになったとしても、これまでの職場を離れ、異なる環境でこれまでにない仕事を任されたときに、本当のサバイバル能力が試されることになります。例えば、以下のようなケースが考えられます。

知人のいない他部署への異動
子会社・関連会社への出向
異なる業種・会社への転職

これまでと異なる環境であっても、組織で仕事をする以上、上司や部下との関係構築、社内政治力などのこれまで培った「技術」は有効なのですが、同僚や知り合いがゼロという環境になりますので、これらの人間関係の構築を短期間でスムーズに行わなければなりません。

また、その際には、本社など外部から来た人間であることで、受け入れ側の組織が警戒感を持つ可能性がありますので、これを解きほぐす必要がありますし、嫌われないように注意深く行動しなければなりません。実際に、このような異動や出向において受け入れ側の組織に嫌われて短期間で追い出されたり、想定される期間よりはるかに短い期間で本社に戻されたりするといった事例を耳にします。

本章では、まず私自身が大きな壁にぶつかった経験をお話しします。その後、演習形式であなたならどう対応するか、考えてみてください。

プレッシャーとどう戦うか

第2章で述べましたが、私にとっての最大の壁は、35歳で被災地である陸前高田市の副市長を務めたことです。そのときの重圧と緊張感には、正直押しつぶされそうになりました。

プレッシャーは責任の大きさと比例するものです。責任が大きいほど、失敗したときに及ぶ影響が大きく、胃が痛くなるようなプレッシャーを感じることを、あなたも経験しているのではないでしょうか。

そんなときに、どのように乗り越えていったら良いのか。ここでは心がまえ（メンタル）と、決断の仕方に分けてお話しします。

まず心がまえとしては、**自分で全て背負いこまない**ことです。具体的にはボス（上司）に適切に相談することです。このことは2つの目的があります。

まず1つ目は、「お前がやったことだろ。責任取れよ」と後でボス（上司）に言われないようにリスクヘッジを図ることです。このことにより、仮に失敗したとしても、その責任はあなたのみが負うのではなく、トップまたは上司が負うべきものとなります。なお、あなたが上司に相談してもしていなくても、組織が起こした失敗はトップや上司が責任を負うのが普通ではないかと疑問を持つ方がいるかもしれません。それはその通りですが、トップや上司が責任を取った後に担当責任者であるあなたに対する人事上の処分まで考えれば、自分ひとりで全て背負いこまずに事前にリスクヘッジすべきです。

2つ目の目的は、相談することで心理的な負担を軽減できることです。まともな上司なら、あなたの意思決定を適切にサポートしてくれるはずですし、アドバイスももらえるかもしれません。少なくとも、自分で全て背負いこむより、プレッシャーは軽減されるはずです。

次に、決断については、**自分の言葉で自信を持って説明できるようにする**ことです。特に、相手方に不利益を及ぼすような事柄は、それがひとたび相手に届いた場合、相当大きな反発や批判、攻撃が予想されます。案件によってはメディアでネガティブに報道されることも覚悟しなければなりません。

私の経験上、そのような緊張を強いられる場面において、自分が納得していないことは自信を持って語ることができず、弱気の虫が出てしどろもどろになってしまいます。手元の資料に目を落とさずとも説明できるように、事前にあらゆる角度からリサーチ、検討する準備を惜しんではいけません。

なお、あなた自身がトップである場合には、上司に相談することはできませんが、それでも信頼の置ける同僚やアドバイザーに適切に相談することをおすすめします。

どうしたら緊張しないでやり過ごせるか？

事前に準備をしていても、大切な発表当日や大きな商談の日、人前で話す場面は緊張してしまう。どうすれば良いか？　これもよく聞かれる質問です。

私自身、以前は緊張のあまり声は震えて手は冷たくなるほどガチガチでした。今では市長として、毎月定例記者会見をこなしたり、人前で話す毎日ですので、あまり緊張することはなくなりました。逆にいまでは「適度な緊張」が大切だと考えています。

では、どうしたら緊張しないでやり過ごせるのか？

とても単純なことですが、「数稽古」をすれば慣れますし、多少のプレッシャーには動じなくなります。例えば、免許を取りたての頃に公道に初めて出たときのことを思い出してください。周囲の車や歩行者、信号の一つひとつに神経を尖らせ、車内で会話する余裕などなかったはずです。ところが、運転に慣れてしまえば初心者の頃を忘れてしまったかのように緊張もせず運転することができ、居眠り運転をしないように緊張感を持続することの方が難しくなったのではないでしょうか。

実を言うとこれと同じで、人前で１００回スピーチすれば、緊張することの方が難しくなります。また、「適度な緊張」が大事と言いましたが、緊張は興奮状態であることから、集中力と注意力を高めることになります。悪いことばかりではありませんし、必須なことでもあります。少なくとも、注意力が散漫となって失言したり、緊張感のない発言をするよりよほど良いのですから、緊張するのは悪いことではないと自分に言い聞かせましょう。

ですから、人前で話すことが死ぬほど苦手という人は、練習の場を数多く踏むことをおすすめします。最初のうちはプレゼンの内容を丸暗記して、資料を見ずとも口から言葉が出てくるまで何回も練習するのも手です。私は苦手な英語プレゼンの前には、ストップウォッチ片手に鏡の前で何十回も練習していました。

また、可能ならば人前で話したり、司会をする場面を買って出ることで、経験を積みましょう。いきなり100人の前で話すことより、10人の前で話すような場を求めましょう。

人前でスピーチすることが多い立場にある人は、どんな会合やパーティに出ても、突然司会者から振られたら何を話そうか、と頭の中でシミュレーションしながら社長や幹部のスピーチを聞きましょう。そして自分の頭の中で考えたスピーチ内容と「答え合わせ」をするようにすると、スピーチ者の良いところを効果的に吸収することができますので、話す内容が格段に上達します。これは実際に私が行っている方法ですが、日々学びがあります。そのようにしておくと、実際に事前通告なく突然スピーチを頼まれても対応できるばかりか、「突然振られても話せるなんてさすが」などと言ってもらえるかもしれません。

遺族やマスコミに厳しく批判された委員長の仕事

「心がない行政が検証しても、曖昧な内容にしかならない」。2014年1月の陸前高田市議会（震災復興特別委員会）で、遺族である市議から委員長である私を含む市当局が痛烈に批判された言葉です。また、ある日の朝刊には「陸前高田震災検証報告書案　犠牲者数　ずさん検証」といった文字が躍りました（2014年2月25日付、読売新聞岩手版33面など）。陸前高田市の東日本大震災検証委員会の委員長を務めていた私は戸羽市長にすぐに報告の電話を入れるとともに、報告書上の犠牲者数の誤りがなぜ生じたのかを説明しました。気落ちして委員長の辞任も覚悟した私に対し、戸羽市長は「起こってしまったことはしょうがないさ」と明るく励ましてくれました。

担当者のミスによる犠牲者数の記載誤りを別にしても、多くの犠牲者を出した避難所指定の経緯や市の責任、また市職員が多数死亡した経緯に関する検証が不十分であると、私を含む市当局は遺族から厳しい批判にさらされていました。

そして、「よそ者」で震災当日にはその場にいなかった私は、検証委員会委員長として、その批判の矛先となり、大きなバッシングにさらされました。どのように対応すべきか？　私は大いに悩みました。

悩んだ挙げ句、ご遺族からの指摘に逃げずにしっかり向き合うことが必要だと感じた私は、指定避難所決定の経緯と震災時の避難行動に関する追加調査を行うこととしました。記載ミスについてはお詫びし、正しい数値に修正したことは言うまでもありません。

こうした内容について、先ほども述べましたが担当者に任せずに自分の口から信念を持ってマスコミの前で語れるようになるまで報告書を仕上げました。今後起こりうる全国各地の災害に対して大いに参考となる教訓をまとめられたと自負しています。それでも、市の責任を追及する一部の遺族からはご理解は得られませんでした。

辛い仕事でしたが、なんとかこの検証報告書をまとめきれたことは私にとって大きな学びとサバイバルの経験となりました。

以下では、これまで述べてきたことを踏まえ、演習形式で本当のサバイバル力をチェックしていきましょう。問いに対し、解説を読む前に少し自分の頭で考えてみてください。解説には陸前高田でのサバイバル経験を引用しますので、併せてお読みください。

本社で十数年過ごしたあなたは、このたび畑違いの業種の関連会社へ管理職（所長）として抜擢され、出向を命じられました。抜擢されたのは嬉しいものの、これまでの環境と全く異なるため、内心とても不安に思っています。以下のような課題にどう対応すべきか、考えてみてください。

Q1．所長として着任したところ、スタッフを多数持つことになりました。本社からは細かい指示がなく、何から手をつけたら良いか迷います。どんなことから始めますか？

この件についてはすでに本書に書きましたが、まずはスタッフ全員と1対1のヒアリングを実施します。よほどの人数ではない限り、全員から話を聞いた方が良いと思います。

これによって、

（1）業務上の課題を把握する
（2）スタッフのキャラクターや家庭環境などを把握する
（3）スタッフの警戒感を解く

などの効果が考えられます。被災地に出向した私の場合は、これを実施してもなお、自分の果たす役割が明確にはわかりませんでした。出向元の内閣府からは特段の指示もありませんでしたし、上司である市長からも、「やりたいようにやってくれ」という以上の具体的な指示もなかったからです。他方で、被害が大きく、すべきことは山積みとなっていて、職員不足は明らかな状況でした。

そのようななか、どのように「役に立てるのか」という点について当初はかなり悩みましたが、半年ほどして居場所を見つけました。それは、海外を含む国内外の非営利団体・企業・メディアその他の組織と陸前高田市あるいは戸羽市長との間の「通訳」の役割を発見したことによります。

ただし、それを見つけるまでの道のりは簡単ではありませんでした。復興の「一丁目一番地」の課題は住宅再建なのですが、それに関して、私はほとんど貢献できなかったからです。私が国土交通省の出身者であればインフラや住宅関係の知識と経験が役立ったのにと自分の力不足を嘆きましたが、残念ながら内閣府出身の私にはそのような貢献はできませんでした。

そこで、当時の私が考えたのは、「復興計画に現れない課題」は何かということでした。そして見つけた課題が、「ボランティアが泊まる宿泊施設が市内にないため遠方から通ってきている」という事実でした。

多数のボランティアが全国から通ってきていて、彼らに災害ボランティアセンター（ボラセン）などでヒアリングすると、「自分たちボランティアができることは限られているけど、せめて現地に泊まったり土産を買ったりしてお金を落としたい。それが我々にできる1ミリの復興。でも、残念ながら陸前高田には泊まるところすらない」との声を聞きました。ホテルや民宿が津波で被災したからです。直接被災者の役に立つわけではないけれどボランティアの役に立つことは、被災地の復興につながるとよそ者の私は考えました。このようにして課題を見つけ、廃校を簡易宿泊施設に改修するプロジェクトを進めることができました。

A. 1対1のヒアリングから始める。

Q2. スタッフと打ち合わせをしていても、畑違いのあなたは、その会社の文化や事情に詳しくないので所長でありながらも議論に参加できません。どうしますか？

霞が関では国会のセンセイ方とのお付き合いがメインでしたが、被災地では私の方からプライベートで積極的に住民と交流する場に足を運びました。あるときには市内のスーパーで買い物をしていただけで地元のおばあちゃんに声をかけられてお宅におじゃましたこともありました。連れていかれた先は津波を免れた一軒家でしたが、通された居間の正面には、おそらく津波で亡くなったご主人のものであろう、遺影が飾ってありました。そのうち、ご近所さんもわらわらと集まってきて、お手製の漬物をいただきました。狭い町ですから、住民とのお付き合いは、このように濃密なのですね。

しかし、油断していると「ところで、あの道路のことだけんど、もっと早くやってくれないべかね」などと、いきなり要望が始まることがあるので、要注意です。それ以降、市内の地区ごとに、ニーズの高い（要望されそうな）道路事業とその進捗状況を頭に入れるようにしました。

他にも、陸前高田市内に地元NPOが開設した「りくカフェ」によく出入りし、スタッフや地元住民、他所から訪れたお客さんとよくお話ししたりしていました。そのような場で、被災体験や復興事業に対する住民の考え方や不満などを独自にヒアリングすることが出来たのです。それは役所内で様々な復興施策・事業について担当職員と議論する際にも、大変役立ちました。そのような独自の情報源がなかったならば、地元職員で固められた幹部の中でたった一人だけのよそ者だった私は、情報量でとても対抗できなかったと思います。そして、このように地元住民とのコミュニケーションの場に積極的に飛び込んだ経験が、今では市長として市民の様々な方と気後れなく会話・交流できる自信につながっています。

A．その業界のイベントや関連行事に足を運んでコミュニケーションを図り、知り合いをつくって現地情報源とする。

Q３．所長のあなたは本社からその会社を改革せよとの密命を帯びています。実際にその会社の事情に慣れてくると、改革の方向性が見えてきました。どのような手順で実行に移しますか？

まずは何はともあれ、新しい環境になじんで一日も早く組織に「貢献」することです。

貢献できなければ、その組織内でのあなたの居場所が危なくなり、早期に追い出される可能性も生じます。特に、よそ者のあなたが歓迎されていない雰囲気であるならば、注意する必要があるでしょう。したがって、たとえあなたが本社から管理職として権威ある立場で出向していたとしても、着任直後の段階では性急な改革は慎み、「郷」のやり方を覚えることに徹するのが無難です。

次に、新たな環境における人間関係を構築します。上司がいる場合はその上司に対して、それから部下や同僚、他部署、また取引先や関係機関などのステークホルダーのキーパーソンや人間関係を把握し、またよく観察することです。

ここまで良好に行ったならば、じょじょに本来のミッションである改革などを行っていきます。最初の段階でセーブしていた改革案は、新しい環境で築いた人間関係をベースに、どのように実行すれば効果的か考えると良いでしょう。

まとめると、「守破離」の言葉どおり、当初は「郷」のやり方を守り、じょじょにそれを破り、離れることで改革などのミッションを形にします。

A．下記の順に改革を行う。

（1）まずはなじむこと、「郷」のやり方を覚えること
（2）人間関係をおさえる
（3）守破離に沿い、じょじょに改革を

Q4．本社との間では、所長として何に留意すべきでしょうか？

着任した会社ではトップである所長だったとしても、本社にはその事業を統括する上司（事業本部長など）がいるはずです。普段離れていて様子が見えない分、意識してコミュニケーションを図る必要があるでしょう。

私の場合は、現地に副市長として着任したため側にトップである市長がいらっしゃいました。この市長をどう支え、普段どうコミュニケーションを取るかは常に頭を悩ませた問題でした。

震災で家族を亡くし復興の陣頭指揮を執る中でメディア等にもよく取り上げられるよう

になった陸前高田市の戸羽太市長のいつでもブレない、そして毅然とした態度を近くで見て、真のリーダーシップとは何かを学ばせていただきました。

そんな戸羽市長をどう支えられるのか。自問自答する中で感じたことがあります。市長というのは情報が集まるようで、実際には欲しい情報がなかなか上がってこない中で決断を下さなければならない「孤独」な職業です。また、市長とその他の職員では立場が異なり、特定分野のみを担当する職員と市政全体を見渡す視野で考えるべき市長の視点は全く違います。ですから、可能な限り市長と「同じ目線での話し相手」になるよう、市長に必要な情報を毎日のように届け、雑談も交えた作戦会議を行っていました。

そのような中で市長の考えを理解し、様々なプロジェクトを進めていきました。市長の信頼が得られるようになると、職員や外部のステークホルダーから相談されるなど、情報が集まるようになりました。その逆に市長の後ろ盾がなければ孤立して失敗したであろうプロジェクトもありましたので、トップとの人間関係の重要さを実感しています。

A．本社への連絡を密にして、上司とのホットラインを確保する。特に本社から密命を帯びている改革案件の進捗などは、こまめな連絡を欠かさないようにする。

異なる環境下でのサバイバルで得られること

少し前の話題になりますが、トヨタ自動車が、将来の幹部候補となる40歳前後の「基幹職」を、金融や流通、ベンチャーといった多様な事業分野を含む異業種を中心とした他社に出向させるという取り組みがニュースで取り上げられました（2019年12月12日付中日新聞）この背景には、同社がソフトバンクと共同で設立したモネ・テクノロジーズに象徴されているように、自動運転の台頭によって自家用車が売れなくなる（あるいは配車サービスの台頭によって消滅する）可能性もあるなど同社のビジネスモデルに大変革が求められていることがあるのでしょう。そのような激変の時代に、将来の幹部候補を異業種に出向させて鍛えるということです。40歳よりもう少し若い30代の方が良いのではないかと個人的には思うところですが、同社もこうした出向が社員を大きく成長させることがわかっているのでしょう。

実際に、被災地での4年間の経験は、私自身を大きく変えました。非営利セクターや企業、大学関係者、首長や政治家、芸能人やスポーツ選手など著名な方を含む多様かつ様々な方々と仕事を一緒にしたことで、人脈が飛躍的に広がったからです。また、これらの方々と住民、国や県、議会や市役所などの様々なステークホルダーとの調整を図るバランス能力も格段に鍛えられたと自負しています。

苦しい思いをしてサバイバルをすることに何の意味があるのだろう、そう思っている方もいるかと思いますが、タフ・アサインメントをサバイバルできたこと自体が職歴として評価され、次の異動や転職などに役立つということかと思います。

特に、組織内の複雑な人間関係や多様なステークホルダーと調整できる人間は評価されます。私はかつて、新設された部署への職員人事を実施したことがありますが、この部署に配置しようと考えた職員は、上司や外部関係者と円滑にコミュニケーションできる能力を備えていることが条件でした。しかもこうした職員は非常に少なく、100人のうち5人いるかいないかでした。すでにご紹介した民間の調査では、本当の転職理由の上位は「職場の人間関係」であるそうですので、苦手意識を持っている人がそれだけ多いことの現れですし、逆にそれが得意であれば、転職にしても社内に止まるにしても、大きな武器となり得ます。もちろんこうした能力は人間だけが持ち得るものであり、ＡＩで代替できるようなものではありません。

トヨタだけでなく、こうした研修出向は各社に広がっていく可能性があります。そうした場合にも、貧乏くじを引いたと思わず、ぜひポジティブなマインドで取り組んでいただきたいと思います。

終　章

未来を切り拓くサバイバル

おめでとうございます!!　ここまで我慢してお読みいただいたことに心より感謝し、祝福します。やれ上司をタイプ別に観察せよだの敵をつくるなだの、「そこまで苦しい思いをしてサバイバルをすることに何の意味があるのだろう?」。ここまでお読みになったあなたはそう感じているかもしれません。

本書では組織内でサバイバルする方法を説いてきましたが、終章となる本章では、サバイバルの目的とその先にあるものを考えていきたいと思います。

サバイバルの「その先」にあるもの

多くの方にとって、サバイバルは手段であって目的ではないはずです。若い人のみならず、一生涯を1つの組織（会社）のみに所属することは珍しくなり、転職や副業、定年退職後の第二の人生など、人生100年時代には2つめ、3つめの組織に属したり独立して事業を興すことも一般的になっていくでしょう。そうであるならば、1つの組織にしがみつくようにサバイバルすることになんの意味があるのでしょう?　そのような疑問は当然ですし、転職を否定するような考えも私にはありません。

私が思うに、サバイバルの目的とは、「本当にやりたいこと」をスムーズに実現することではないでしょうか。いまの組織（会社）は通過点に過ぎません。本当にやりたいことは次の会社で実現できるのかもしれませんし、独立して行うことかもしれません。あるいは、いまの会社での将来のポジションを通じてかもしれません。次のステージで仕事をする際に、サバイバルで培《つちか》った技術が役立つのです。たとえ事業を興して自分がトップを務めるとしても、従業員の行動原理や気持ちを理解するためには、組織内のパワーゲームを知っておくことは無駄にはなりません。

もっとも、「本当にやりたいことはなんですか？」という人生の目的にも通じる根源的なことを問われて、即答できる人はむしろ少ないでしょう。かく言う私自身も、大学卒業時点では自分のやりたいことが定まらずに就職浪人し、なんとなく自分の興味のある政策づくりに惹かれて公務員になりましたが、紆余曲折を経て今は地元の市長になっていることは自分としても驚きです。

いま、自分のキャリアを振り返って思うことは、本当にやりたいことがわからず自分探しにさまよっていた自分を引き上げてくれたのは、「人」でした。どういうわけか自分の実力以上に周囲の「人」には恵まれていたおかげで、今は充実した毎日を送らせていただいていることに感謝しています。

大きな仕事は人脈が持ってくる

自分の話で恐縮ですが、私が単なる1人の公務員から被災地の副市長となり、その後立命館大学の教授を経て地元の副市長となり、さらに市長となったキャリアは、自分が思い描いたものではなく、全て「人」が引き上げてくれたものです。

内閣府時代の先輩の（元）佐賀県武雄市長の樋渡啓祐さんは陸前高田市の戸羽太市長に私を紹介したばかりでなく、市長の先輩として今でも相談に乗ってもらっています。陸前高田市の4年の任期を終えて内閣府に戻るかどうか悩んでいた私に「その気があるなら大学で教えてみませんか」と誘ってくれたのは、被災地視察で知り合った（元）立命館大学公務研究科長の鵜養幸雄教授でした。さらには、「次の副市長ポストが空くから地元に戻ってこないか、そしてゆくゆくは俺の後を継いで市長を」と声をかけてくれたのは、地元掛川市の実家の近所に住む当時の松井三郎・掛川市長でした。

「人脈が大切だ」とはよく言われる話だと思いますが、「社内人脈」はいまの仕事をスムーズにしてくれる一方で、「社外人脈」は大きな仕事や将来の仕事を持ってくることが多いと実感しています。

だからこそ、縁あって勤めた組織で可能な限りサバイバルすることをおすすめします。なぜならば、サバイバルの過程で学んだ円滑な人間関係の築き方や社内人脈、社外人脈が次のステージの仕事につながる可能性が高いからです。

組織を卒業するタイミング

ここまでお読みいただけた方は、サバイバルの目的は、単に今の状況を乗り越えるだけではなく、将来のキャリアや本当にやりたいことを実現するためであると理解されたと思います。

ですから私は、1つの組織を卒業するタイミングとは、「経営者や上司と合わないから」ではなく、「その組織で学ぶべきことを学び終わって次のステージに進むときだから」だと思っています。サバイバル術を習得していれば、好きなタイミングで次のステージに進むことができるものと確信しています。

霞が関を飛び出した官僚は今

厚労省に務めていた友人の千正康裕さんが2019年に退職されました。私が内閣府に勤めていた頃は、同年代ということもあり本業でもプライベートでも大変お世話になり懇意にさせてもらっていました。その千正さんが辞めた理由は、この国に絶対必要な「政策をつくる」という機能を存続させるための活動を行うためだそうです。この背景には、霞が関の若手の離職や採用難が深刻化していることがあります。

私自身、長時間労働に苦しめられたハードな職場ではありましたが、様々なタイプの上司に出会えたことや子ども・若者関係の法案作成や青年の船などのビッグプロジェクトに関わらせてもらえたことから、とても感謝しています。その霞が関は今、私がいた時よりさらにブラックな職場となり、若手職員の離職が進んでいることは、とても残念に思います。詳しくは千正さんが書いた『ブラック霞が関』（新潮新書）を参照いただければと思いますが、政策立案の現場が個々の公務員のサバイバルの努力だけでは乗り切れないくらいの業務過多でパンクし、その機能が崩壊することはこの国にとって大きな損失ですので、その改革には大いに期待したいところです。

千正さんをはじめ霞が関を「脱藩」した官僚は、様々なステージで活躍しています。彼・彼女らの多くは充分にサバイバル能力がありながら、天下りなどの形でなく自らの力で未来を切り拓き組織を卒業することを選んだ人たちです。組織でのサバイバル経験を活かして次に飛躍するのは、あなたかもしれません。

組織内で信用を失う人の共通点

本章の最後に、人間関係や人脈を築く基礎ともなる、人望をつくる方法をまとめます。人望や信用というものは一晩で出来上がるものではなく、長年にわたって積み上がった貯金です。しかしながら、その積み上がった信用は、簡単なことから崩れることがあります。まずは基礎的でありながら非常に怖い、信用を失う行動から解説します。

(1) 私生活の乱れや身だしなみ

一つ目は、私生活です。仕事と関係ないと考える人もいるかもしれませんが、仕事は失敗したとしても、そこまで評判や評価を落とすことは稀です。また、人事を行う立場からすると、私生活に問題がある者は要職には就けられないのです。身も蓋もない話ですが、能力は少し劣るが身だしなみはきちんとしている者を、能力は上だが身だしなみや言動に問題がある者より優先したこともあります。いくら能力が上でも、外部の関係先に迷惑をかけたり心配させたりすることはまずいのです。

では本題に移ります。恥ずかしい話ですが、私は上司に私生活を注意されたことがあります。一つは登庁時間の遅れ、もう一つは口臭です。その頃の私は、徹夜続きだった法案作成の作業が一段落つき、法案審議が国会で始まるまでの束の間の休息期間だったので、気分は弛緩していました。このため、朝の登庁時刻を30分程度遅刻していました。当時は出勤時のタイムカードもなかったため、多少の遅刻は周囲から大目に見られていましたが、上司の課長はきっちりとした人でした。「最近久保田さんは体の調子が悪いのですか。そうでないなら遅刻しないで登庁してください」と、その課長からメールが届きました。丁重に詫びると共に反省し、改めたことはいうまでもありません。

実は同じ頃の別の上司である局長には、口臭を指摘されました。やはり法案準備の関係で徹夜が多く、庁舎内のコンビニ飯の晩飯が続くなど食事時間もその内容も健康的とは言い難い時期でした。今は飲みませんが缶コーヒーも飲んでいました。しかし根本的な問題はオーラルケアの不足、具体的には歯医者に行っていなかったことです。歯磨きはしていたものの当時はフロスを使わずに自己流で済ませていたので歯槽膿漏になっていたようなのです。局長とは懇意にしていたので、2人きりになったときに「お前、最近口がにおうぞ。気をつけた方がいいぞ」と言ってくれました。局長としても言いにくかったことだろうし、周囲も気づいていながら言わなかっただけかもしれません。今は定期的に歯医者に通い歯石クリーニングをしてもらうようになりました。当時の局長には大いに感謝しています。

そのほかで私が同僚などを見ていて気になることは「鼻毛」です。比較的年配の男性が多いのですが、若い女性でもたまに鼻毛が出ていることに気づき、びっくりすることがあります。そのような場合、指摘して良いものか悩んでしまい、それが気になってこちらの方が打ち合わせや会議に集中できないことがあります。男性であっても毎朝鏡の前で自分の顔をチェックすることを習慣にしたいものです。また、ヨレヨレのスーツやシミのついたシャツ、ボロボロの革靴などもやはり気になります。それだけで、印象を悪くするので気をつけたいものです。

（2）宴会の場でケチになるな

上に立つ者の人間性が見えてしまうのが宴会の場の怖いところであると思います。私が出会ったケチな上司は、5000円までしか払わないことで有名でした。宴会や懇親会、パーティのどれに出席するにせよ、事前に部下から案内があると「わしは5000円までしか払わんからよろしくな」で済ませてしまうのです。こうした宴会では通常、上司は部下より多く払うのが通例ですから、傾斜配分込みだと5000円を超えることはよくあります。ゲスト分の会費をこちらで持つとすればさらにそうなる可能性が高くなります。「わしが1枚出すから、あとは適当にやってくれ」と言ってくれれば部下は随分と心安かったでしょうが、残念ながらそのようなことは一度も見たことがありませんでした。困るのは、その上司が5000円だとすると、同格の出席者にも5000円までしか求められないことです。そうでないと、その上司だけ特別扱いすることになってしまうからです。結果として、傾斜配分をゆるくして若手にも相当額を負担してもらうか、価格帯の安い店を使うかという選択になってしまい、そうなると格安のチェーン居酒屋くらいしかチョイスできないため、担当職員はかなり難儀していました。私も部下からその件を相談されて同情したものです。

確かにその上司はお酒はほとんど飲みません。二次会で部下を喫茶店に誘い、コーヒーを飲むほどです（それも、部下は渋々付き合っているように見えました）。自分が飲まないから、大酒飲みと同額を払うのは納得がいかないのかもしれません。実はその上司は業界では顕著な実績が内外に聞こえている人だったため、私も初めて近くで接してみて、このようなケチな人物だったのかと落胆しました。長年業界の要職なども務め著作もある人でしたので、家計が苦しいようにも見えませんでした。このような問題でその人の評価を下げてしまうのは、非常にもったいないことです。

私は入省したての頃、先輩からこの種のお金の問題について指導を受けたことがあります。その人は、私が入った寮の管理人で、国家公務員を定年まで務めた人でした。つまりは再雇用された公務員OBです。入寮の際に私が総合職（旧1種試験、あるいは上級職のいわゆる「キャリア官僚」）の新人であることがわかると、「君な、これからいろいろなことを経験するだろうが、**お金を出す場面では真っ先に出しなさい。決して惜しんではいけない**。その姿はみんな見ているから」と教えてくれました。若い頃は、上司が多く出してくれることが多かったため、言われたことがピンときませんでしたが、今はその言葉の重みを痛感しています。彼は現役時代、ケチで残念なキャリア官僚を見てきたのだろうと思います。

このようなことがあるので私は十分に気をつけているつもりでいますが、出しすぎるのもかえって部下が恐縮するのでそのバランスは難しく感じます（多く出せば出すほど良いというものではありません）。

実際、若い職員と出張したときにこんなことがありました。せっかくの機会なので出張先で軽く夕食を済ませることとして、私が当然のごとく若手の分も全額代金を支払いました。ラーメン屋での食事であったしお酒も飲んでいないので、奢った額はせいぜい800円か900円だと思います。ところが、その若手が「いいえ、自分の分は支払います」と言って聞かないのです。儀礼的に一度は自分で払うと主張するのではなく、何度言っても「いいえ、申し訳ないんで」としつこい。どうも、上司に多く支払わせるのは申し訳ないという頑なな考えがあるようなのです（あるいは、前の上司がケチな上司で、その影響かもしれない）。思わず私は説教しました。「君な、上司は気持ちよく奢りたい気分のときもあるんだ。そんなときは『ありがとうございます』と一言言って財布をしまえばそれで上司は満足するものだぞ」

説教したことが良いのかどうかは未だにわからないのですが、部下の立場としては、上司に気持ちよく奢らせることもわきまえたいものです。しっかりとお礼を言えば、大抵の上司は満足するものだし、幹事役から「○○課長から1枚いただきましたー！」と言ってもらえればさらに満足度が向上して、次回も同額以上を期待できると思います。

(3) 外部との付き合いを優先して本業をおろそかにする

これまでのようなことはしっかりしていても、異業種交流会などに積極的に参加し、組織外の人脈構築が好きな人がこの落とし穴にはまることが多いので要注意です。実際、私も異業種交流会が好きですし、若手職員に「組織外の人間と積極的に交流しよう」と推奨している立場ではありますが、本業をおろそかにされるのは困ります。

例えば、本業で出席すべき会議に何かと理由をつけて欠席する（その理由は外部との交流や外部の会議だったりする）、本業のタスクが終わっていないにもかかわらず外部の用事を優先してしまう、本業の仕事の質が低下する、遅刻や欠勤が増えるなどです。こうなると、「あいつは最近おかしい」「良からぬ奴らと付き合っているらしい」と噂にもなります。

確かに、組織外の人は魅力的に見えるものですし、実際に優秀で素晴らしい人も少なくありません。これらの人たちと付き合うことでそちらの世界に憧れたり、ロールモデルとなったりすることもあるでしょう。それでも、どこから給料をもらっているかは忘れてはなりませんし、現在の立場をわきまえることが大事です。

(4) 異性関係

男女の問題も、評価を落とす原因になりえます。派手な服を好む人は、たとえ実際にはそうでなくても、男女関係が派手だとしばしば噂されます。また、男女関係は格好の話の種です。私も時にはそうした噂を耳にしました。不倫現場(手をつないでいたとか)を見た人が私に興奮した口調で語ったこともあります。結婚前の男女であれば微笑ましい話で済みますが、そうでない場合は、眉をひそめられることとなります。噂の元とならないように気をつけたいものですし、また噂を広めることに加担することなく、受け流した方が良いと思います。

まずは戦力となる

人望をつくるためには、信頼の貯金をしていかなければなりません。そのためにまずすべきことは、組織の戦力となることです。これは、特に新人や異動したての人に言いたいと思います。なぜなら、いくら人がよくて敵がいなくても、組織に所属して給料をもらっている以上、その組織に役立つ人間であることが必要だからです。極端な話、組織に必要ない人間はいつ切られても文句は言えません。

そのことがわかっていなかった新人の頃、ある研修への参加案内が回覧されて来ました。東南アジアの政府関係者も参加するなど、将来留学や国際交流をしたいと考えていた自分には魅力的な研修に映りました。ところが、上司に参加したい旨を相談したところ、認められなかったのです。そのときはよくわかっていませんでしたが、まだ当時の自分は組織にとっての戦力となっておらず、周囲に迷惑をかけたりサポートをしてもらったりしている状態でした。上司の判断は「まずは職場に役立つ人間になることが優先」だったのです。

それからの私は、まずは職場に役立つ人間となるよう努めました。公務員となった同期・同僚や、民間企業に就職した仲間から、異業種交流会などに誘われましたが、自分の任された仕事をきちんと終えていなければ、夜の会合や土日のお誘いでもそれに行かずに、残業を優先しました。1年ほどすると、同じ部局内の他課の重要業務へのサポート要員として声がかかるようになりました。このように声がかかるようになれば、組織の戦力になったという証拠です。

逆に言えば、組織の戦力となって、自分の仕事をきちんとこなしていれば、少々の裁量や私生活の優先は大目に見てもらえます。例えば休暇の取得や早めの退庁などは、仕事さえ終えていれば文句を言われることも少ないでしょう。

他部署や関係者が仕事をしやすいように配慮する

次に、関係者が常に仕事をしやすいように心がけ、配慮することです。具体的には、上司や同僚の時間をなるべく奪わないように、仕事を増やさないように、迷惑をかけないように、そして相手の仕事がスムーズに行くように気配りすることです。

まず自分の仕事をきちんとこなして戦力となることを述べましたが、それができるようになってきたらすぐに周囲を観察しなければなりません。仕事というのは、一人で完結できるものがほとんどない以上、他者とどう付き合うかは極めて重要なポイントで、それによって自分の仕事がスムーズに行くかどうかが決まるのです。

ですから、自分の仕事を「自分だけでできる作業」と「他者の協力を得ないとできない作業」に分解し、後者に優先的に取り組むことをおすすめします。後者には上司の了解を得なければならない企画書や重要文書の作成、他部署との協議などが該当するでしょう。こうした案件の隙間時間で、前者に該当するような簡単な文書の作成やチェック、メールの送受信などに取り組むのが良いでしょう。

「事前に聞いてないから、今言われても知らないよ（協力できないよ）」と言われた話はすでに書きましたが、マイペースで独りよがりな仕事の進め方は必ず行き詰まるのです。

誠心誠意向き合う

復興大臣政務官というのは小泉進次郎氏が務めたことでその役職が知られるようになりました。復興大臣、同副大臣に次ぐナンバー3のポストでいわゆる政務三役という重要ポストです。小泉氏より前の民主党政権時に同政務官を務めた方で忘れられない方がいます。

現在は政界引退されていますので名前を出すのは控えますが、若くしてそのポストを務めたその方は、いつも被災地の目線で親身になって相談に乗ってくれました。

それこそ夜の付き合いも良く、かなり遅い時間まで復興庁の職員や被災自治体の職員たちとの懇親や、ときには夜の麻雀にも付き合ってくれたほどです。そのように大変お世話になった方でしたが、その後程なくして行われた衆議員選挙においては、強力な対抗馬に敗れてしまいました。岩手県の被災地でのご活躍が、遠く離れた彼の地元選挙区にまで伝わらなかったのだと思いますが、彼の被災地に寄り添う姿勢を、私が代わって地元にお伝えしたいと思ったくらいです。

もちろん、政治家ですからいつ何時でも地元選挙区を大事にすべきだという正論はその通りだと思いますし、そこまで被災地のために尽くさなくても地元選挙区にもこまめに顔を出すような器用な立ち回りをすれば、強力な対抗馬にも勝てたのかもしれません。

実はその方は落選後は若くして政界引退し、非営利活動団体を立ち上げました。その潔さもかっこいいですし、在任中の真摯で誠心誠意を尽くす働きぶりは、私たちの心に強く響きました。

いやな噂を流されたら?

前記のようにしていてもなお、ときにはいやな噂を流されるようなこともあるかもしれません。組織にも世の中にも実に様々な人がいるものですし、中には悪意を持ってあなたの足を引っ張ろうとする人もいるのです。

以前も書きましたが、ツイッターで悪口を書かれたことがあります。個別の要望やリクエストに応じなかったことを根に持たれたようですが、そういった書き込みを見つけても、過剰に反応したりせずに基本的にスルーしました。反論などの返信をすべきかどうか真剣に悩みましたが、過剰に気にせず反応しないことが大事だと思っています。インターネット上の書き込み等は、書かれた本人は気が気ではありませんが、実際には見ていない人も多いですし、それほど影響はないのです。

一方で、組織内での口コミでの噂は広がりやすく、注意が必要です。様々な噂を耳にしましたが、噂の内容そのものよりも、その届く範囲が広いことに驚くことの方が多かったです。想像以上に組織内の行動は他者から見られていることに注意した方が良いです。

コツコツとヒットを打とう。ホームランはいきなり打てない

最後に、人望をつくるために最も大切なことをお話しします。それは、人望というものは1日で形成されるものではなく、長期間の言動の積み重ねであるということです。最初から人望のある人はいません。長い時間をかけてコツコツと積み重ねてきたからこそ今があるのです。いきなりホームランを打ちたいと思う方はよく注意してください。組織というものは、新人で信頼のない者には打席を与えないものです。与えられた機会を無駄にせず、コツコツとヒットを繰り返す。ポテンヒットや内野安打でも良いのです。ときには送りバントなどで自己犠牲を厭わず組織のために汗をかく。このような姿を組織は見ていて、その結果が積み重なった時に初めて、クリーンナップなどの花形ポジションを与えるようになるのです。

ですから、すでに述べたようなことに注意しながら、組織や相手の意向に十分に配慮しつつ仕事を進めていくことです。それはいつの日か、大きな花を咲かせることでしょう。あなたが本書を活用して、組織でのサバイバルを可能とし、積極的かつ充実した人生を切

り開かれることを期待して、本書を終わりたいと思います。最後までお読みいただきありがとうございました。

おわりに

私はいま、この「おわりに」を、大きな達成感とともに、自宅で北京オリンピックを観戦しながら書いています。本書は、私の8冊目の著作（共著を含めれば11冊目）であり、掛川市長となってから初めての作品です。

処女作『官僚に学ぶ仕事術』（マイナビ出版）が出版されたのが11年前の2011年5月ですが、その直前に発生した東日本大震災によって内閣府から被災地の陸前高田市に出向することとなり、私の人生は大きく変わりました。大きな責任とプレッシャーを感じる復興の仕事を陸前高田市の副市長として務め上げたことは、現在地元に戻って静岡県掛川市長を務める中でも大いに役立っています。

霞が関での経験に加えて被災地でのサバイバル経験を加えた本書の企画が持ち上がったのは2018年に遡ります。被災地で知り合った心療内科医の海原純子先生にご紹介いただいたときは朝日新聞出版の大坂温子さんは平昌オリンピックを取材中でしたので、本書は丸4年かけて完成したことになります。

その間、私の所属は立命館大学から掛川市に移って原稿がほぼ出来上がりましたが、2020年からコロナ禍が始まり、また私自身が2021年4月の市長選挙に臨むことになったので中断しました。長い間辛抱強くお待ちいただき、また再開の機会を与えていただいた朝日新聞出版の宇都宮健太朗編集長と大坂さん、編集担当の北畠さんに感謝いたします。


本書は他にも多くの方の協力なくしては、完成しませんでした。

陸前高田市の戸羽太市長をはじめとした職員の皆さん、内閣府の（元）同僚の皆さん、内閣府の先輩かつ市長としても先輩となる元武雄市長の樋渡啓祐さん、『ブラック霞が関』の著者で元厚労省の千正康裕さん、そしてテレワークの実態等を詳しく教えていただいたNEC社員の石川紀子さんは2022年4月より掛川市の副市長となりました。石川副市長をはじめとした掛川市の同僚の皆さんにも大変お世話になりました。また、いつも至らぬ私を支えてくれている家族と友人に感謝の気持ちを捧げます。

最後に、本書を手にとっていただいたあなたへ。この出会いに深く感謝します。忙しい毎日を送っているあなたに、この本が少しでもお役に立てば著者として最高の喜びです。

参考文献

前川孝雄『年上の部下とうまくつきあう9つのルール』(ダイヤモンド社)
前川孝雄『頭痛のタネは新入社員』(新潮新書)
向谷匡史『角栄と進次郎』(徳間書店)
カーネギー『人を動かす』(創元社)
芦屋広太『社内政治力』(フォレスト出版)
太田尚樹『乱世を生き抜いた知恵』(ベスト新書)
野口悠紀雄『「超」納税法』(新潮文庫)
石原慎太郎『天才』(幻冬舎)
千正康裕『ブラック霞が関』(新潮新書)

久保田　崇 くぼた・たかし
静岡県掛川市長。1976年静岡県生まれ。京都大学総合人間学部卒業後、2001年内閣府入り。ニート対策を内容とする「子ども・若者育成支援推進法」の制定などに携わる。東日本大震災後のボランティア活動を契機として、11年より岩手県陸前高田市副市長を務める。16年立命館大学公務研究科教授、19年より掛川市副市長に就任、21年より現職。主な著書に『官僚に学ぶ仕事術』『官僚に学ぶ勉強術』(共にマイナビ新書)など。

朝日新書
862
官僚《かんりょう》が学《まな》んだ究極《きゅうきょく》の
組織内《そしきない》サバイバル術《じゅつ》

2022年5月30日第1刷発行

著　者　久保田　崇

発行者　三宮博信
カバーデザイン　アンスガー・フォルマー　田嶋佳子
印刷所　凸版印刷株式会社
発行所　朝日新聞出版
〒104-8011　東京都中央区築地5-3-2
電話　03-5541-8832(編集)
　　　03-5540-7793(販売)

Published in Japan by Asahi Shimbun Publications Inc.
ISBN 978-4-02-295171-7
定価はカバーに表示してあります。

落丁・乱丁の場合は弊社業務部(電話03-5540-7800)へご連絡ください。
送料弊社負担にてお取り替えいたします。

不動産の未来
マイホーム大転換時代に備えよ

牧野知弘

不動産に地殻変動が起きている。高騰化の一方、コロナによって暮らし方、働き方が変わり、住まいの価値観が変容している。こうした今、都市や住宅の新しい価値創造は何かを捉えた上で、マイホームを選ぶことが重要だ。業界の重鎮が提言する。

全米トップ校が教える自己肯定感の育て方

星　友啓

学習や仕事の成果に大きく関与する「自己肯定感」は世界的にも注目されるファクターだ。本書は超名門スタンフォード大学オンラインハイスクールで校長を務める著者が、そのコンセプトからアプローチ、エクササイズまで、最先端の知見を凝縮してお届けする。

リスクを生きる

内田　樹
岩田健太郎

コロナ禍で変わったこと、変わらなかったこと、変わるべきことは何か。東京一極集中の弊害、空洞化する高等教育、査定といじめの相似構造、感染症が可視化したリスク社会を生きるすべを語る、哲学者と医者の知の対話。同著者『コロナと生きる』から待望の第2弾。

全面改訂 第3版
ほったらかし投資術

山崎　元
水瀬ケンイチ

これがほったらかし投資の公式本！　売れ続けてシリーズ累計10万部のベストセラーが7年ぶりに全面改訂！　おすすめのインデックスファンドが一新され、もっとシンプルに、もっと簡単に生まれ変わりました。ｉＤｅＣｏ、２０２４年開始の新ＮＩＳＡにも完全対応。

ルポ 大谷翔平
日本メディアが知らない「リアル二刀流」の真実

志村朋哉

2021年メジャーリーグMVPのエンゼルス・大谷翔平。米国のファンやメディア、チームメートは「リアル二刀流」をどう捉えているのか。現地メディアだけが報じた一面とは。大谷の番記者経験もある著者が日本ではなかなか伝わらない、その実像に迫る。

自衛隊メンタル教官が教える イライラ・怒りをとる技術

下園壮太

自粛警察やマスク警察など、コロナ禍で強まる「1億総イライラ社会」。怒りやイライラの根底には「疲労」がある。怒りは自分を守ろうとする強力な働きだが、怒りの暴発で人生を棒に振ることもある。怒りのメカニズムを正しく知り、うまくコントロールする実践的方法を解説。

画聖 雪舟の素顔
天橋立図に隠された謎

島尾 新

画聖・雪舟が描いた傑作「天橋立図」は単なる風景画なのか？　地形を含めた詳細すぎる位置情報、明らかに歪められた距離、上空からしか見ることのできない構図……。前代未聞の水墨画を描いた雪舟の生涯を辿りながら、「天橋立図」に隠された謎に迫る。

江戸の組織人
現代企業も官僚機構も、すべて徳川幕府から始まった！

山本博文

武士も巨大機構の歯車の一つに過ぎなかった！　幕府の組織は現代官僚制にも匹敵する高度に発達したものだった。「家格」「上司」「抜擢」「出張」「横領」「利権」「賄賂」「機密」「治安」「告発」「いじめ」から歴史を読み解く、現代人必読の書。